U0094004

You are the unique in the world!

不跟風，走自己的路！

為什麼你不過自己想要的人生？

暢銷勵志心理諮商師 黃德惠／著

當幸福來敲門，你人在哪裡？

全球暢銷書改編成的電影《當幸福敲門》中，有一幕主角克里斯・賈納走在紐約的鬧區，他望著人來人往的群眾，禁不住問自己：「為什麼其他人看起來都這麼幸福，而我卻不能？」

如同多數的好萊塢電影情節，克里斯・賈納在經歷諸多現實的轉折後，找到一生的職志，成為美國少數的黑人富豪。但這並不只是一個激勵人心的電影，更是一個人在面對現實與追尋夢想間不斷跌倒、又不斷重新站起來的真實人生。

或許你覺得克里斯是受到幸運之神的眷顧，才能走出人生的低潮。不過，設身處地的思考一下，如果你身為一個單親父親，必須獨力扶養孩子，且自己

的職業又是無酬的股票業務實習生時，你是否也能具有如同克里斯．賈納一般的信念、勇氣，與努力不懈的毅力，直到幸運之神來敲門？

或是你會選擇和多數人一樣，因為害怕追求夢想的風險，於是一生都在尋求安穩，最終偏離了屬於自己的人生軌道，導致幸運之神在芸芸眾生中找不到你的身影，夢想才會遲遲無法應允？

「我這輩子只能這樣了嗎？」

「我每天努力工作，認真為家庭付出，為何就是不快樂、不滿足？」

「我該如何找回自己失落的人生？」

在午夜夢迴時，或許你也常常如此反問自己。卻對極想證明人生價值的自己使不上力。

其實人人生來都有專屬自己的天賦使命，只是迫於現實考驗，你把內在的自我遺漏在某段人生的轉捩點，即使最後你的確站上了某個耀眼的舞台，但那卻不見得是你朝思暮想的幸福。因此成就越大，精神壓力反而越大。

一旦我們偏離初心，失去了與真實自己的連結，就會讓真心的能量一點一點消失。即使滿足了外在所有需求，卻始終彌補不了心中的破洞——其實我不想成為任何人的複製人，我只想做我自己。

所幸，人生永遠都有重來的可能。只要你發自內心地想改變，宇宙也會聽見你的心願，用全世界的力量來幫助你，實現此生獨一無二的使命。

前提是，你必須從實踐目標的充實感中逐步喚回自己，就算每天只有三十分鐘也好，傾聽內心的需求，確認自己是否走在使命的道路上。

如果你面對生活越來越心力交瘁，一定有什麼地方有待調整；如果你即使辛勞卻充實飽滿，恭喜你，成就只是時間早晚的問題。

你的人生不需要任何人替你下定義，只要你行走的每一步，都知道自己即將成為更好的自己，找到了為何而生的意義，幸運之神就會再度為你降臨！

Chapter 1 你的優勢為何成不了大事？

Chapter 2

模仿名人模式，自己就能出頭天？

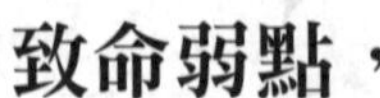

Chapter 3 致命弱點，是扼殺成就的最大殺手！

Chapter 4

坦誠做自己，你真正想要的生活是什麼？

Chapter 5 不涉足無感的領域，在興趣領域不斷修行

Chapter 6 我到底該為生活而工作，或為夢想而工作？

「就像那些朝生夕死的小昆蟲，
把一生的時光濃縮成一天來過，
生命可能是一場大膽的冒險，或是一無所獲。」

~美國作家 海倫・凱勒

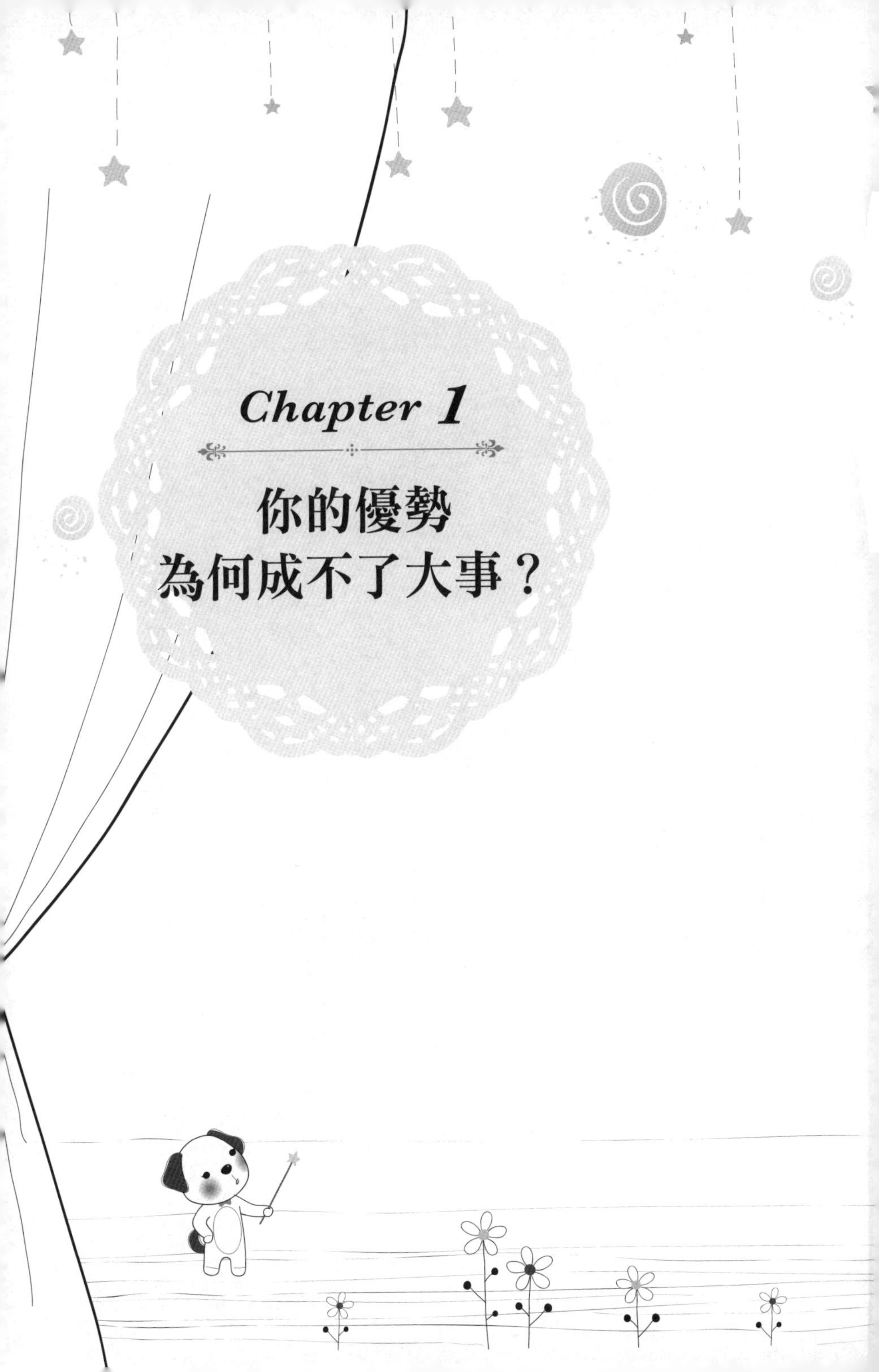

Chapter 1

你的優勢
為何成不了大事？

別認命，你的人生只欠缺一場革命。

常聽人言：「人的命運是上天註定的。」所以有關任何「知命」之術從古至今都蔚為潮流，例如：星座、流年、易理、風水……總是可以引起群眾的注意力和話題性。如果我們到廟裡求神拜佛，也大多是為了冀求平安、好運。

誠然，由於先天條件的差異，如果要達成相同的成就，有財有勢的人比起出身低微的人更容易預先達成目標。不過，實際上真的是如此嗎？雖然這是普遍的認知，卻是一個值得人人深思的問題。

許多人或許會因為自己的出身背景，抱怨自己從一開始就輸在起跑線上。其實，人生如此漫長，世事難料，或許你的確有可能因為一些外在因素，起跑的比較晚，但是這不代表你會永遠落於人後。

雖然有些人因為生活條件優渥，所以可以受到更良好的教育，但自幼被父

母捧在手心的孩子，卻可能因此失去面對挫折的能力，稍遇打擊就容易怨天尤人、一蹶不振；有些人也許出身平凡，但因為家中沒有金山、銀山可揮霍，必須凡事靠自己，所以在成長的過程中自然就培養出更多元的應變能力，學會與各式各樣的人應對、合作的技巧，這都是別人搶不走的資產，透過人生經驗的累積，還有無限增長的可能。

所以，一個人的生長背景，有時候確實能左右人的一生，但後天的努力，則可以改變人的命運。面對未知的命運之說，我們不必盲然盡信，也不必頑強抵抗，我們所要做的，是從命運給予我們的功課中習得自己所需的精華，因為那是決定我們能否擁抱美好人生的寶貴經驗。

能否擺脫命運的枷鎖，取決於你的意志力

在知名暢銷小說《最貧窮的哈佛女孩》中，作者以自傳體的方式記述了自

己逐步從黑暗走向光明的人生。

莉姿．茉芮於一九八〇年出生在紐約布朗克斯區的貧民窟裡，雖然她的雙親彼此相愛，卻嗑藥成癮，導致家中一貧如洗。當其他的小朋友都在享受校園生活的時候，小小的莉姿從八歲起就過著沿街乞討的生活。為了生存，她和姐姐有時還被迫偷東西吃。

十五歲時，莉姿的父母更雙雙地感染了愛滋病，不久就相繼去世，讓莉姿和姐姐從此成了無人疼愛的孤兒。

所幸，姐姐莉莎獲得好心人的救助，可以在朋友家借宿，而莉姿卻只能露宿街頭。她睡過地鐵、隧道和公園中的長椅，還經常受到其他流浪漢的欺負。

雖然生活坎坷，但莉姿從未放棄希望，更不願意向命運低頭。她始終相信：有朝一日，她一定能擺脫命運的枷鎖，和多數人一樣，回歸平凡卻幸福的生活。而且她也深深地意識到，改變自己命運的道路只有一條，就是——回到學校，接受教育。

回到高中就讀後，她經常在過夜的地鐵站與走廊上，完成學校作業。即便無家可歸、沒有安定的居所，莉姿卻把四年的高中學程，壓縮成兩年讀完，並且贏得《紐約時報》的獎學金，由此成功申請進入常春藤名校就讀。

在她進入名校之前，沒人知道，她仍然過著極其貧乏、有一餐沒一餐、露宿街頭的日子。不過，她卻不以為苦，在這個備受歧視、欺凌的成長過程，她學到了難以取代的人生經驗，更看見了知識的可貴。後來，莉姿憑藉著頑強的毅力，更以全校第一的成績進入全球排名數一數二的哈佛大學，最終獲得了哈佛大學臨床心理學博士的學位，迎來了人生中久違的曙光。

如今，莉姿周遊世界各地進行演講，宣揚「有志者事竟成」的理念，並主持心靈工作坊，協助人們喚醒自身的潛能。

莉姿之所以能成功，是因為她明白：童年的不幸不能作為逃避人生的藉口，只有相信自己、全力以赴，才能改變命運。所以，現實對任何人來說，既不是天堂也不是地獄。因為，無論你的出身如何，無論你是貧窮還是富有，你永遠都擁有扭轉人生的機會與能力，就看你願不願意。

無論現況多麼險惡，挑戰命運，至少有成功的可能；屈服於命運，就註定一事無成，一生平庸。你是想努力追求幸福呢？還是甘願被命運奴役一輩子？

生命可以大膽冒險，也可以一無所獲

十九世紀的美國盲聾女作家海倫．凱勒曾說：「我用整個身心來感受世界萬物，一刻也不得閒。我的生命充滿了活力，就像那些朝生夕死的小昆蟲，把一生的時光濃縮成一天來過，生命可能是一場大膽的冒險，或是一無所獲。」

被世人稱作愛因斯坦以來，二十世紀最偉大的物理學家霍金也曾說：「我發現，即使是那些聲稱『一切都是命中註定，而且我們無力改變』的人，在過馬路前，仍會左顧右盼。」其實我們內心深知自己的作為或不作為，都會影響人生的結果。

古往今來，只有敢於向現實挑戰的人才能成為卓越的人。也許上天讓我們一出生就面臨貧窮、痛苦，但是，上帝在向我們關閉一扇門的同時，一定也為我們打開了另一扇窗。或許我們沒有優渥的環境與資源，但還擁有智慧與一顆勇於挑戰現實的心！只要願意努力，不甘於命運的擺佈，屬於你的那扇成功之門，只有你能打開。

麻木生活，惰性改變不了現狀。

面對一成不變的生活，我們每天彷佛一班定時定點啓動的列車，總是趕著去哪裡，又拖著疲憊的身軀回家，在既有的軌道上奔波，覺得很安穩，卻總有脫韁的衝動。長期下來，生活像是在盡義務，生命像是在服役，心中偶有改變的想望，卻又因此掙扎痛苦。

身為上班族的人總想：「我好希望能換個彈性工時的工作，或是找到像世界上最好的工作——到澳洲的大堡礁去當島主——類似富有挑戰性的工作。唉，好想拋下一切去盡情享受人生啊！」

身為SOHO接案族的人又說：「好希望每個月的收入可以像上班族一樣穩定，又有老闆幫忙繳勞健保，還不用被課二代健保的稅，面對做完這個工作，下一個工作不知在哪的茫然，我每天都覺得心神不寧。想放手去創作，卻又不得不考慮案主的觀感，好矛盾啊！」

事實上，大部分的人是連想都不敢想，就被自己人生中所謂甜蜜的負擔：另一半、家庭、孩子佔據了做夢的時間與空間。

最後，多數人的選擇都是向現況的命運投降，越麻木就越怠惰，越怠惰越失去思考人生走向的力氣。

其實，生活並非一潭死水，事實上，隨著時序推移，每天依舊充滿著大大小小的變化，如何在現有的框架下，踏實地去尋求變動的可能？只要有心，你也可以從事自己最愛的工作，過著理想中的生活，成為生命真正的主人。重點是，你敢不敢「改變」？

如果你對生活的現狀並不滿意，就必須說服自己：我一定要重新振作，有所改變，才能扭轉現狀。如果讓改變的意圖永遠停留在想像的階段，那麼再多的新年新希望、生日願望，也無法挽救停滯的人生。

唯有針對目標，有所作為，才能脫離現有的軌道，重新找回到生命的活力。若是日復一日重複同樣的生活，或許很安穩，卻容易失去對人生的野心。

你成為什麼樣的人，取決於內心的設定

一位美國的心理學家在某次調查中詢問各種階層的人：「如果人生有重來一次的機會，你願意改變自己的人生嗎？你會選擇做什麼樣的改變呢？」

結果，一位退休的總統回答：「如果有下輩子，我想做一般的上班族，那樣我就可以擁有私人的時間與規劃，不必凡事被公眾用放大鏡檢驗，做總統太辛苦了。」

每天擁有大把時間的流浪漢回答：「如果可以重新來過，我想成為大富翁，這樣我就可以衣食無憂了。」

一位身家上億的富翁回答：「如果可以重來，我下輩子想當個小康之家的普通老百姓，這樣就不用成天為了該怎麼做資產分配風險才低、該怎麼合理配

置遺產才公道，每天盯著那些數字，煩都煩死了！」

一位看天吃飯的漁民回答：「如果上天真的給我一次重來的機會，我一定會好好奮鬥，努力讀書，深耕人脈，做個擁有最大影響力的總統，再也不會任人欺負。」

也許，每個人都渴望自己明天一早就可以在夢想的生活中醒來，但這並非是改變，而是一場空想。只是把一個當下有問題的你再帶往另一種生活而已，很快地，你又會落入另一個想逃的循環。

面對想要的人生，你就像是一個船長，必須決定目的地，再選定航向，並在出航前，先做好必要的準備和訓練，才能穩健地登上夢想之船，順利航向理想人生。

我們今天的生活，其實也是來自於逐步的設定與決定，才逐漸成為現在的模樣，若是推托給命運或環境，那麼你並不是真心想要改變。要是自己對人生都放棄追求的努力，不論是現在或未來的境遇都怪不了別人。

如果你有心想努力，就要經常反問自己：「我到底想過什麼樣的生活？」這是一個最簡單，卻也最容易被遺忘的關鍵問題。只有弄清楚自己內心的真實想法，才能找到自己不快樂的真正原因，也才能夠對症下藥，找到真正需要力行改變的層面。

想邁向「理想中的自己」，先從外在小小的改變影響內心

如果你感到自己又掉入麻木過日的生活中，或擔心自己早就陷入而不自知，可以透過一點小小的改變來提醒自己。

畢竟，我們現在的生活已有既定軌道，想要拋下一切反而不切實際，但關於「理想中自己」的小小努力，卻是隨時就可以做到。

例如：換個自己早就想要的髮型，並且定期去維護、修整自己。用外在煥然一新的自己，提醒內心：只要我想、我要，我就做得到！

或是，每週想辦法擠出一個小時，認真閱讀一本自己最喜歡的報刊雜誌、漫畫、小說。即使時光如此短暫，都能喚醒自己：不要忘記我原來的模樣以及最初的愛好！

當一點點潛移默化的改變滲入生活中，你也會更貼近本性。在這些與私密自己面對面對的時光中想起：「啊！我以前原來是這樣一個人啊！」或是有所感觸：「我怎麼會不自覺地變成今天這樣呢？」

這些自省的反思，就是最有建設性的觸媒，幫助你逐漸回到自己，惟有先褪去那些外在的要求、標準，才能做出最適合自己的選擇。

況且，這些一點也不需要「冒險犯難」的精神、「金山銀山」的資源，還能調節你的情緒，讓你變得快樂、充滿活力，讓生活更加充滿情趣，再進一步地把那些塞住心思的烏煙瘴氣排出去，心情疏通了，人生自然更加美好。

面對想要的人生，你就像是一個船長，必須決定目的地，再選定航向，並在出航前，先做好必要的準備，才能順利航向理想人生。

讓生活注入活水的深度作為：沉澱、運動、打掃

一池遊魚，需要不斷注入活水，魚兒才能活成；一畦綠植，需要不斷施肥加料，植物才能茁壯，如果不想讓被豬附身的惰性拖垮你整個人生，就必須替生活注入新的亮點。

不妨在每個週末晚上，用一個鐘頭的時間好好沉澱心思，問問自己：

「這周最讓我快樂的事是什麼？」

「這周我做過哪些有意義的事情？」

「我遇到了哪些煩惱？」

「我是否浪費許多時間在一些不必要的地方？」

人們總是很容易繞著現有的生活打轉，總是煩躁地想：我現在要去做什麼？我等下要去做什麼？要和誰碰面？要準備那些東西？……面對生命的意義，卻未多加思索。所以，在一個周末告終時，與自己聊聊，才知道面對新的一周，自己需要做那些調整。

惟需注意的是，去檢討自己能力行的方法，會比較有效，否則無效的檢討，只會讓你像一間愛開檢討會、卻拿不出實際戰略的公司，每況愈下。

另外，把舒展身心的運動排在日常生活中，當新陳代謝更加順暢，身體的活力會替心靈帶來朝氣。而且，再大的夢想，也需要一個健康的身體來支持，如果你希望有一天能享受退休生活，或想要陪伴家人一路成長，更應該持之以恆地運動，否則一切都是海市蜃樓。

此外，隨手整理自己的家居空間，也是一個很好的方法。

因為凌亂的家居空間會讓下班後的你更疲憊，感受不到家中的溫暖與放鬆氛圍，反而會讓心更浮躁、想往外逃，或是把自己封閉在網路的世界中，結果上網購物買了一堆不必要的東西。

清理的過程就好比梳理自己的心情，每天花點時間一邊整理房間、一邊整理自己容易藏污納垢的心，這樣即使有隱藏在角落的壞情緒，也可以透過清掃釋出。如遇人事不順時，還能夠幫助你度過情緒低潮，而且事後絕對不會後悔，用打掃房間順便把惰性一掃而空。

從簡單可為的小事開始向心中的需求一步步靠近，你會發覺，原來過著理想生活，根本不如想像中那樣完全不可行！當你做好心理準備，就開始制定階段性的目標，持續替自己加油打氣，完成自己畢生的使命，這根本不必金山銀山，只看你願不願意努力！

逃避現實，別讓鴕鳥心態掩埋才華洋溢。

我們常常會戲稱不願意面對真相的人是基於「鴕鳥心態」作祟，用一種姑息甚至得過且過的態度放任事情的發展，最後延誤解決問題的最佳時機，最終仍需接受後果。

不過，旁觀者清，面對自己原有的天賦施展不得，大部分的人還是會選擇走一條安穩的路，就算與心中的聲音背道而馳，還是會說服自己：，「何必想那麼多？大家都這樣做，我就這樣做就好了！」

等到發現日復一日的自己越來越失去鬥志，面對現實越來越苟且，一旦想挽救事態，反而必須具備比當初更大的決心，甚至必須犧牲一些現有的人生基礎，面對理想反而更舉步維艱。

拒絕看見閃耀著才華的光芒，隨波逐流過一生，這對於一個獨立的生命而言，實在是一個巨大的遺憾。

既然如此，為何不一開始就痛下決心，一定要走出屬於自己的一條路呢？

逆境是避免退化，反讓生命進化的觸媒

社會新聞曾經報導過：有一位應屆畢業生，因為心目中最想要的工作未被錄取，退而求其次去參加主動通知他面試的工作仍舊失利，在畢業一年都找不到合適工作的情況下，又已經花光了父母省吃儉用寄來的生活費。他因沒有勇氣再向家裡要錢，又覺得自己一畢業人生就不得志、前途黯淡，而心生絕望，萌發了輕生的念頭。正欲跳樓之際，幸而被圍觀的路人報警救下。

幸運的是，在熱心的群眾中，恰好有一個水電行的老闆，得知了他的情況後，就阿莎力地問年輕人願不願意跟著他做學徒，薪水雖不多，但能溫飽，且有一技之長，習得技能後，再也不必被就業的壓力陰影纏身。

聞後，這個社會菜鳥頓時淚如雨下，心想：有這麼多條路可以走，我卻選擇了一條最不負責任的路……於是，他十分珍惜這次「重生」的機會，加倍努

人之所以為萬物之靈，是因為不論是心智、生理的進化能力，都擁有無限的變化、可能，才能踞於最上層的生物鏈。

力學習，不到二年時間就出師自立門戶，即使金融海嘯來襲，也依舊收入穩定，順利步上人生的正軌。

面對層出不窮的社會案件，大多為了「生活過不下去」或「跟我想要的不一樣」而直接放棄，走上選擇傷害自己或他人的岔路，最後還是得面對命運的制裁。

我不得不說這位屢屢碰壁的求職者，其實很幸運，因緣際會下，他撐過了人生的轉折，看見現實的背後，處處生機。

但又有多少類似的個案，或是抱持著同樣心態的人覺得：反正我就是比較歹命，就乖乖認命，日子過得下去就好！

拒絕看見閃耀著才華的光芒，隨波逐流，渾渾噩噩過一生。這種選擇對於每一個獨立的生命而言，實在是一個巨大的遺憾。

如果你認為自己的能力無法應付現實挑戰，確實是把自己看扁了，因為每個人都擁有無窮的潛力。

據研究，我們窮極一生也不過開發了自己腦部近百分之七的功能，就算是千古留名的科學家愛因斯坦，也只多開發了百分之十到百分之十五。

如果你再心存此念：唉喲！我沒有比爾·蓋茲那麼聰明，也缺乏賈伯斯的鬼才，更沒有巴菲特的洞見，何必追求夢想，自討苦吃呢？如果失敗不就一無所有了嗎？

這種言論不過證明了你是一個懦弱的膽小鬼，把自己的天賦，或是成長的機會都拒於門外。

事實上，正因為你開發的少，自然收穫如此，那你就更沒什麼好埋怨的。與其如此過活，為什麼不給自己的人生一個發光發亮的機會呢？

當然，並非每個人都天賦異稟，但你會發現，人之所以為萬物之靈，是因為不論是心智、生理的進化能力，都擁有無限的變化、可能，才能踞於最上層的生物鏈。

即使你是一個生而平凡的人，也可以透過學習、練習，一再地通過試煉，獲得難以預估的成長。相反地，如果你繼續抱持著鴕鳥心態度日，你的身心只會隨著時日從僵化到退化，難道，這就是你想要的人生嗎？（即使充滿遺憾，這卻是大多數人的唯一選項。）

如果你認真觀察現在社會上小有成就的指標人物，就會發現：名廚阿基師、前亞都麗緻飯店總裁嚴長壽都沒有傲人的學歷；創作才子周杰倫終於有機會進唱片公司後，也是從每天幫同事買便當的小弟做起……。

但他們都沒有因為一時現實的困頓而逃避，跑去躲在安穩人生的背後，反而用意志力付出了超越常人的努力，自然也收穫凌駕眾人的成就。

你可以語帶輕蔑地說：「那是因為他們很幸運！」

事實上，如果你能咬牙吃得了這些名人一路經歷的苦，你也能擁抱自己的夢，就看這樣的夢，你敢不敢做？

只要你敢於面對，鼓足勇氣去解決問題，
即便沒有達成最初目標，也會看見自己的成長。

有人認為名人的成功純屬巧合，是上天對他們的眷顧。但是正因為他們時刻都在準備，當機遇來臨的時候，他們才有能力抓住。

其實，生活也好、事業也罷，一個人怎麼可能一輩子都一帆風順呢？每個人在人生的各個階段都可能會遭遇瓶頸，遇到一些難以解決的問題和困擾。此時，若你選擇逃避，就等同於放棄成功；只要你敢於面對，鼓足勇氣去解決問題，即便沒有達成最初目標，也會看見自己的成長。

人的潛力是無窮的，有時候的確只有逆境才能激發潛能。所以，不要害怕挫折，反而要直接迎擊，它可能是使你成為那個「無所不能」的人一個重要的歷史轉捩點。

人生沒有過不去的關卡，上帝只會試煉你能應付的課題

我們都希望可以跨越現實的阻礙，問題是，有時候並非自己不想、沒有心，而是「熬不過」。所以，面對問題的自我調適就在這個階段扮演了最關鍵

的角色。如果不希望讓成就的可能、提升的機會從身邊一一溜走，面對現實困頓，你可以這麼做：

❶聽聽客觀建議，冷靜思考問題

通常當我們陷入理性與現實難以權衡的僵局時，在身心與現實抵抗的虛耗情況下，往往疲憊地難以解決問題。這時，向平時就很了解你，並且心胸開放的兩位到三位值得信任的親人、朋友傾吐，會猶如替自己注入一劑強心針。

因為旁觀者通常會比自己更容易看見問題的本質，並能協助思考以你的現況該如何突破，提供策略。基於信任，這時焦頭爛額的你會更欣然接受他人的忠告，而且兩種以上的角度，也可避免因個人偏狹的觀念誤導，反而使你身陷困境流沙中。

綜合親友的觀點，一定能找出一些正面的解決之道，助你順利度過難關。

不過，前提是當別人有需求時，你也要扮演這樣的天使，否則平時不助人，何來貴人相助？

❷回歸最終目標，保持彈性路徑

在走向夢想的道路上，我們之所以會覺得越發力不從心，往往是因為重重關卡不斷地擋住來路，所以即使心中有夢，半路逃跑的卻大有人在。

如果你與信任的親信、友人討論過，確立適合自己的目標。除了全心投入外，你也要一再檢視自己的「圓夢台階」是否可行。就像從家中前往工作地點的路徑有非常多種，如果今天此路不通，為了上班，我們還是會選擇別的替代道路。但面對自己遠在天邊、近在眼前的成就，我們卻往往忘了「彈性」的思維，發現眼前的險阻過不了，就容易原地踏步、徬徨失措。

永遠要提醒自己：我的初衷為何？目標在哪裡？如果經過屢次磨練，嘗試過各種可能後，依舊發現這條階段性的道路始終無法通往你的目的地，應該當

機立斷地轉向其他成功機會較大的替代道路，以便繼續前進。

不然，撞牆撞久了，昏頭的你也會忘了自己原先要去哪裡了。

❸兼具虛心與自信，就能化壓力為動力

適當的刺激和壓力能夠有效地激勵人們的鬥志與潛能，夢想如果唾手可得，還是夢想嗎？所以你要懂得虛心自省——有壓力表示我在這方面的能力不足，如果這是前往要道的關鍵之鑰，我絕不能輕易放棄，只要我願意，我一定學得會！

有時候，一拿到潛能開發的鑰匙，後面就是通往目標的捷徑，如果你因抗壓性不足被擊敗了，那就等於對夢想揮手說再見了。

除了在壓力中培養自我能力外，一個具有健全心智的人，經歷挫折和教訓反而會變得更成熟聰明。而成熟與否，通常也是決定一個人能否達成夢想試煉

如果嘗試過各種可能後，依舊發現這條道路始終無法通往目的，你應該當機立斷地轉向其他機會較大的替代道路，以便繼續前進。

的要件。

以上三個解決之道都很明確地幫助你突破人生的僵局。就算你尚未找到人生目標，仍舊可以從第一步做起。

重點是，對於理想中的人生，只要你不要把頭埋在土裡，選擇不看、不聽、不處理，抬起頭你就能吸得到夢想的氧氣，而人生不就是為此而存在嗎？

過分謹慎，害怕失敗的心理要不得。

一九六三年，一位對人類行為研究領域頗負盛名的美國心理學家威廉·沃克·阿特金森提出《成就動機理論》，並加以說明：每個人都同時具有「求成」和「避敗」的需求。只要是我們認為有價值、會激發自我認同的事物，就會自動自發地去追求；如果我們認為從事某項競爭有可能會失敗時，就會自然地退縮。

基於這樣的求成避敗心理，即使人人都渴求一生的成就，但為了降低風險，最後還是會選擇較筆直的那條路，即使我們明知那離生命的意義非常遙遠，為了安全感，大多數人還是會作出這種決策。但是，人生確實如同投資一般，如果你追求高報酬的利益，勢必就要承擔高風險的壓力；如果你選擇了保本型、低利型的投資，自然只能領到比定存多一點的利潤。

賺錢的機會就存在每一個套利的空間中，圓夢的成功案例也每天在上演，如果因為過度謹慎保守的心態，而錯過了一生中寥寥無幾的機遇，專屬於你的康莊大道就只能永遠在可望而不可即之處。因為不跨過湍急的險流，就永遠到達不了理想的彼岸。

當看見報章雜誌上刊登雄才大略的企業家、才華洋溢的藝術家的心路歷程，你是否曾經認真思考過：並非命運選擇了他，而是你放棄了命運呢？

你生下來不是為了被打敗的！

曾聽人言：「敢於面對失敗，敢於接受失敗，敢於挑戰失敗的人，才有創造豐功偉業的可能。」面對你的理想人生，沒有一步登天的台階，只有鍥而不捨地去嘗試，只有經歷無數次的失敗，才能從中獲取無可取代的經驗，正是這些無數成功與失敗的契機，能夠確實地幫助你走向目標。

有一個心懷大志的年輕人，他十四歲就進入拳壇，第一次上擂臺便被對手打得鼻樑都快被打斷了，下台時還血流滿面；然而，第二天，他又堅強地站上擂臺再次比賽。不過仍同樣扮演著被追打的角色，但他毫不喪氣地加入最嚴苛的訓練，不幸的是，某次練習時，他的左眼受了傷，這隻眼睛從此失去了視力。後來即使他無法參賽，卻從拳擊格鬥中學到了一件事——勇敢，也讓他終生具備了屢敗屢戰的挑戰性格。

十九歲時，這位年輕人參軍走入戰場，在某此戰役中被炸彈炸成重傷，全身上下被兩百多塊炸彈殘片入侵，其中有一部分彈片因為取出會危及性命，就永遠留在他的體內。

退役後，年屆二十歲的年輕人立志成為一名作家，於是日日堅持不懈地寫作，可是他的作品全數被出版商無情地退回，但他認為人生就是不斷的戰鬥，絕不放棄寫作的夢想。

終於到二十三歲時，他的執著終於得到了回報，他的第一部著作出版了，可是只印刷了三百冊，根本不足以支撐他的生活，而且為了全心投入寫作，他早已身無分文，妻兒也因此離他而去。

這個一生為了夢想搏鬥的年輕人就是一九五四年的諾貝爾學獎得主——恩斯特‧海明威——經典名著《老人與海》的作者。

歷經高低起伏的人生，海明威曾寫過這麼一句話：「人生下來不是為了被打敗的。」面對可能阻礙他夢想的人事，更進一步闡明：「要是連像樣的敵人都沒有，那樣的生命不值得活！」

謹慎行事，是最保險的一種作法，若是害怕失敗，就等於自己在潛意識先種下了失敗的種子。因為畏首畏尾的心態，又讓成功的種子得不到充分的營養，反而讓失敗的種子吸足了養分，因此畏懼終成現實——我果然會失敗！

但這一切，只要懷抱著成功的希望去挑戰，結果就會全然不同，而我們卻往往先被自己的心魔打敗。

渴望成功和害怕失敗，造就人生的高低

「渴望成功」和「害怕失敗」表面上看來似乎都是為了成功，卻會產生兩種截然不同的結果。

因為前者是主動追求，並替自己建立很強的信任力量，相信自己，再大的波濤自己必定有能力勇渡，於是容易不斷取得優勢，形成良性循環；而後者則是被動的，因為信心不足只好一味地防守，結果心理疲勞導致未戰先敗。

如果幼時的我們未曾跌倒過，至今也學不會走路；如果未曾生病過，身體就不會有抵抗力。因此，看似一時的失敗與挫折，其實不過是成長的必經之路。如果因為害怕失敗而放棄自己的使命，不去爭取，不願改變，那你永遠也不可能看到更美的風景。但只要勇於跨出這一步，人生定是驚喜處處。

再看看社會上那些功成名就之士，有些人之所以比你更傑出，不是因為他們得天獨厚，事實上你可能具備比這些人更出眾的特質。只是，在同樣一件事

心引力

只要懷抱著成功的希望去挑戰，結果就會全然不同，而我們卻往往被自己的畏懼打敗。

情面前，你的想法和反應與他們不一樣，僅僅這一點，就決定了事情的成敗，以及人生的高下。

雖然我們常說任何成功都需伴隨幾分的運氣，但是惟有率先建設好「勇氣」，才能抓住機遇。抱持著老二哲學，雖然安全，卻會讓你的視野逐漸萎縮，站出來承擔屬於你的使命，無可取代的榮耀也將降臨於你。

軟糖實驗的啓示：不要貪圖一時之快。

一九六〇年代，著名的美國心理學家瓦特・蜜雪兒在加州史丹佛大學附屬幼稚園裡進行了一個軟糖實驗。

在蜜雪兒的指示下，幼稚園老師先將一群平均年齡四歲的小孩帶入一間大教室，並在每位小孩的課桌前各放一塊軟糖，老師接著對孩子們說：「老師有事要出去一下，如果在老師回來之前，你們還沒有把自己面前的軟糖吃掉，老師回來後，就會再發一塊軟糖獎勵他。如果還沒等到老師回來之前，就已經把軟糖吃掉了，那麼這位小朋友就只能得到原先那一塊軟糖。」語畢，老師就走出教室了。

接下來，在十幾分鐘的等待中，有的孩子禁不住軟糖的誘惑，馬上吃掉

成功者往往善於控制自己的情緒，
而失敗者卻總是被自己的情緒所控制。

了；而有的孩子卻堅守老師的指示，碰都沒碰那顆軟糖，等到老師回來後，他們的確如願以償地得到了兩塊軟糖。

據研究發現，孩子們為了避免自己受到軟糖的誘惑，有的孩子把頭枕在手臂上，閉上眼睛，儘量不去看那塊軟糖；有的孩子一邊唱歌、一邊自言自語，以分散自己對軟糖的注意力；有的孩子則努力讓自己睡著……。

後來，蜜雪兒和她的研究團隊對接受這次實驗的孩子們進行了長達十幾年的追蹤調查，並在他們進入中學時，分析孩子的現況，公布了研究成果：

那些在幼稚園時期就懂得耐心等待的孩子們，在青少年時期，就會展現出較好的自制力——自己如果訂下了一個遠大的目標，會不惜犧牲現有利益努力達成。

而那些會迫不急待把軟糖吃掉的孩子，在青少年時期則會顯露出特別固執或優柔寡斷的個性，自制力不足的情況也會更明顯——當欲望出現時，一定要馬上滿足自己的欲望，否則就沒有心情完成手邊該做的事情。

結果發現：善於等待的孩子對於目標的達成率，遠遠地超出缺乏自制力的孩子。

這項眾所周知的實驗，得出一個結論：在人生的道路上，影響成功的因素除了智商外，還有其他重要的決定因素。在前人研究的基礎上，美國哈佛大學心理學教授丹尼爾·戈爾曼在一九九五年更進一步闡明，影響人生的成功率除了智商之外，最重要的就是情緒智商，簡稱「情商」（ＥＱ），其中內含一個人在情緒、情感、意志、耐受挫折……等方面的品質。

他更透過科學論證得出結論：「ＥＱ是人類最重要的生存能力。一個人能否獲得成就，ＩＱ決定了百分之二十的因素，其餘百分之八十的因素，則要看此人的ＥＱ。因此只有從重視ＩＱ轉到重視ＥＱ，並大力提升年輕一代的ＥＱ，才能拯救現代社會，解決大多數的問題。」

事實上，古往今來的案例也證明，成功者往往善於控制自己的情緒，而失敗者卻總是被自己的情緒所控制。所以你的優勢之所以在人生中沒有發揮作用，或是即使自己日復一日的努力，人生各層面卻逐漸走下坡……問題或許不在於你是否身家背景不如人，輸在起跑點，更不在於你的智力高低，重點是，你的情緒控制能力如何？這是一個值得夜深人靜時，好好問問自己的問題。

別為了一時之快，反而折損一生成就

有一天，某個國家的部長與另一個官員在意見上產生了嚴重的分歧，這個部長氣沖沖地向總統告狀：「總統，那個人根本就是無理取鬧，他簡直在拿內閣的名譽開玩笑，我真想揍他一頓。」

看著怒氣難消的部長，總統平靜地回答：「你先別急著揍他，這麼做反而會詆毀你的個人形象；我建議你偷偷寫封匿名信臭罵他一頓，罵他個狗血淋頭，他又摸不著頭緒，豈不是更痛快！」

部長想一想也覺得總統的建議非常受用，於是他馬上趕回辦公室，寫了一

封又臭又長的黑函，裡面幾乎把世界上最難聽的話都寫進去了。寫完後，部長想像到對方讀完信的表情就不禁暗自竊喜，因寫信消磨了些時間，心頭的怒火也退了一半。

為了謹慎行事，部長又去請示總統，問道：「總統，黑函我已經寫好了，您覺得我何時寄送才是良機呢？」

這時，總統正色地回答：「我認為反正你最想罵的話都已經寫在信中發洩完了，況且這封信寄出後還是有被查出的風險，你還是燒掉以防萬一吧！」

於是，部長一回到辦公室就把這封厚厚的黑函一把火燒掉了。說來也怪，看著信紙逐漸消殞成黑灰，他心中積鬱的憤怒也一掃而盡了。頓時，他才領悟到總統的善意，並慶幸自己沒有與那位官員起衝突，若是衝動行事，反而會讓人看笑話。

我們都有急於發洩一時之快的時候，但假以時日後，是滿意的時候多？還是後悔的時刻多？相信自己都非常清楚。既然如此了解自己性格上的疏漏，為了避免重蹈覆轍，在行動前，多給自己一點思考的時間與空間。

如果做這件事情長期而言，對自己是有助益的，那麼待思考周全後再執行，依舊不失其效力；若是這件事只有近利，卻會為你帶來遠憂，給自己一些時間也能看清真相。千萬不要老是憑著直覺或情緒貿然行事，日後還要花更多的心力去彌補損失和傷害。最終，不是反而折損自己嗎？

沒有人能打敗你，除了你自己

那麼，我們該如何避免自己又跳進「情緒作怪」的坑洞呢？以下你可以選擇最適合自己的幾個方法，避免在下次考驗來臨前，又把自己的人生賠進去。

❶去做一些讓身心愉悅的事情

當你遇到一些不順心的人事物，挑戰你的情緒底線時，去從事一些自己喜

愛的活動，會有極大的幫助。例如：看一部早就慕名已久的電影、去一家自己最愛的餐廳點個令人食指大動的套餐……當愉悅的情緒覆蓋了不滿的情緒，到底這件事對你的影響是否那麼巨大？該怎麼著手解決？事情的真相往往會浮出檯面，有助於你作出正確的決策。

❷別鑽牛角尖，把煩惱各個擊破

當我們遇事心煩意亂時，會不自覺地把自己推向更糟的境地，心想：這件事也做不好，那件事也不順利……為什麼我的人生總是困難重重呢？

事實上，當問題來找你的時候，通常離破關的時候也不遠了，但你若是不願振作，人生就只能一直原地踏步。當你完成上一步，確定自己不會再被情緒綁架後，你應該把問題依輕重緩急分門別類，找出箇中緣由，才能評估自己值不值得花費心神擔憂，針對會對自己影響深遠的問題，再對症下藥。

具體的煩惱，具體的解決，不要算總帳。通常在分類過後，你會發現大部分的問題都是你可以逐步克服的，小部分細瑣的憂慮根本就是想太多或是負面性格作祟，既然對自己一點實質幫助也沒有，通通拋在腦後就好。

❸ 尋求其它讓身體更疲憊的正面刺激

你正因為不知該選擇哪一條路而煩心嗎？透過一些正面的刺激，例如：比平常多一些的運動量，會讓你進入身心俱疲的谷底，透過汗水排解無助的情緒，最後帶著心情跌停反升，重新回到平靜的狀態。

❹ 書寫談心，替壞情緒找出口

心情欠佳時，將情緒的思路寫下來，或是轉達最親密的友人，透過傾吐釋放情緒，等到心情平復後，再檢示是否值得為此事內耗？或是參考朋友的忠心建言，避免偏頗的主觀害自己怪錯人、走歪路。

有了前例示警，我們可以明確地了解到——一個人最大的敵人就是自己。

在現實生活中，絕大部分的人都有共同的弱點：怯弱、猶豫、敏感、衝動、懈怠、善變……唯有不受制於外界影響心境的人，才能夠回歸初衷，走向目標。

當你征服了自己，才能擁有征服全世界的能力。

心引力

善於等待的孩子對於目標的達成率，遠遠地超出缺乏自制力的孩子。

太過自以為是，目中無人，自毀前程。

達爾文的名言：「物競天擇，適者生存。」不只適用於叢林法則，對於競爭激烈的現代社會，更是最佳的註解。

許多人並非沒有才能，卻忘了惟有先「求生存」，才能進一步「談抱負」。這不論對於初踏進社會的小綿羊（新鮮人），或是已然練就一身本領的大野狼（初階、中階、高階主管）一概適用。

除非你已經找到了直指夢想的道路，否則過度自負的性格會在你還未融入社會、職場前，就先被排斥在外。

當你失去歷練的機會，毫無施展身手之處，或是連維持基本生活所需都成了問題時，再得天獨厚的優勢、再遠大的抱負都猶如空中樓閣，可望而不可及。

眼睛長在頭頂上，你不服人，人不容你

因為父母被長期外派到英國工作，常雨從小就在英國成長，並且認真念書，一路攻讀直到拿到一所名校的工商管理碩士學位後，隨著父母退休，也跟著回台灣順利地進入一家國際企業工作。

常雨的聰慧讓她總能在最短的時間內完成主管交辦的事務，因此身受頂頭上司器重，很快就成為主管最得力的左右手。而主管也總在老闆面前對常雨的表現讚譽有佳，比起其他同期進來的新人，常雨一下子就從菜鳥晉升組長、主任……前途一片看好。

某次偶然的機會下，常雨無意中知悉自己的頂頭上司，既沒有名校的學歷，只是陪老闆一路打拼至今，才晉升高層。

常雨心想：難怪……主管一向不善言辭，為人低調木訥，和國外業務相關的電話也都經由老闆指示後，由她代為接洽。原來是因為他的學經歷、外語能

除非你已經找到了直指夢想的道路，否則過度自負的性格會在你還未融入社會前，就先被排斥在外。

力不足……。越認真想，常雨越覺得，相較之下，這樣的人怎麼有能力領導自己呢？於是，面對原本可敬的主管，她的心態全然改變了，甚至有點看不起他。在工作上，她常常一意孤行，把上司的命令當做耳邊風，而且，當開業務會報時，她還常常覺得上司並不了解實際情況，而當面駁斥。

雖然，主管也突然覺得常雨對他的態度有所轉變，但又不知其所以。反而站在常雨的角度考量，覺得或許她因為剛進公司，企圖心旺盛，這對公司而言也不是什麼壞事啊！而且主管很看重她的教育背景，即使幾次覺得諸多不周之處，也選擇處處對她寬容。

有一次，常雨以專案負責人的身分和主管一起到廣州出差，公司已經預先安排了幾場重要的會議。

但到了廣州後，常雨突然向主管提出想去和一位在那裡工作的同學碰面的想法，並認為這會對專案大有益處，甚至不惜放棄參加會議。主管認為常雨是這個專案的負責人，好不容易獨當一面，而且也是第一次以公司的代表角色和合作方與會，於公於私都不應缺席任何重要會議。但常雨卻執意如此，為此，兩人爭得面紅耳赤。

最後還是由陪同的人資主管出面調解，她才放棄了這個念頭。結果，這個消息傳回老闆耳裡，從廣州出差回來，常雨馬上就被當機立斷地解雇了。

這個結局，相信是高學歷又能力超群的常雨完全想像不到的。

其實，在真實世界中，一個人處事能力固然非常重要，但他的人際關係更是決定自己能否在公司長久發展的重點。

有許多學生時代一路順遂的年輕人，進入職場後，常常覺得公司、主管的決策太陳腐，自己才有開創的視野與能力，因此常感到懷才不遇的委屈，當公司的決策走向與心中不符，就逐漸失去對工作的熱情，遇事能避就避，也讓自己少了學習與歷練的機會，或是忽視和同事與頂頭上司的關係，最後斷送了發展的大好機會，吃虧的還是自己。

一個人處事能力固然非常重要，但他的人際關係更是決定自己能否在公司長久發展的重點。

因此，想將自己的優勢與工作結合，不應恃才傲物，而該學會等待時機。「先求有，再求好」，你得先適應、融入環境，把自己份內的事、主管的交辦內容先按部就班地做好，同時虛心學習。

每個人在公司中必有其存在的價值，我們不必抱持著批判的眼光去審視何者優劣，只要抱持著「只要願意做，我一定會學到很多」的角度，吸收自己覺得對未來有幫助的特長，並沉住氣觀察有何時機，再將萬事俱備的自己推上檯面，才能收得實效，達成自己的終極目標。

適應力差、會被公司排擠的人格特質

在領導者行為研究中，研究學者葛倫曾提出《領導──成員交換理論》，這個理論說明，在社會或職場上，不論是基於何種因素，在時間壓力下，領導者與下屬中的少部分人會建立較緊密的特殊關係。

先進入領導者「信任小圈圈」的員工，會得到上司更多的關照，也更可能

享有較優渥的薪資福利甚至特權，主管也會更願意授權給這類員工，因此達成領導者與員工間的正向循環；而其他「信任圈圈之外的人」，他們占用領導者的時間較少，獲得滿意的獎勵機會也相對減少，因此造成領導者和員工間的負面循環。

不論是對於剛踏進社會的新鮮人，或是轉職進入新公司的職場老鳥，與公司領導者和主管間的關係，幾乎就決定了自己能否「被重用」的命運。所以，如何避免讓自己成為「適應力不佳」或「被邊緣化」的那一群，以下幾種禁忌態度，我們應該引以為戒：

❶主管吩咐一步，才做一步的人

這類人缺乏積極的上進心，當主管尚未提出下一步要求時，他就待在原地等候指示，或擺出一副納涼的姿態，不主動詢問、也不爭取機會，找到時間就

偷閒休息。面對這種號令一聲才前進一步的員工，主管只會認為：「你就只有這個格局而已。」重大的專案當然不會交給他。

❷老是搞錯方向，與主管期望相背的人

你會發現有些人也進入公司好幾年了，每天都是最早進公司、最晚離公司，堪稱最吃苦耐勞的員工，但就是無法順利晉升，成為最資深的菜鳥，卻不知為何。

這是因為有些人過度自以為是或做事不加思考，如果在尚未搞懂「老闆對這項工作的真正期望」之前，就率先埋頭苦幹，最後卻達不到老闆預期的成果，例如：工時長卻績效差、滿腦子創意卻未評估風險……等，就算他常常挑燈夜戰，老闆可能還覺得：你還是每天準時上下班，別浪費公司資源吧！

❸愛斤斤計較，又待己甚寬的人

有些奉「決不吃虧」為工作圭臬的人，在承接上級指示後，總是在心裡暗忖：「我做這有什麼好處？」

或是愛和主管抱怨福利問題：「老闆，別的公司都有……我們公司都沒有……。」

這類人平時擅長爭功諉過，哪裡有好處一定看得到他極力爭取，哪裡吃力不討好，他就跑得一溜煙不見人影，或是擺出愛做不做的樣子。

這種老是愛跟上級「討糖吃」，平時工作態度又得過且過的人，老闆會認為：你愛計較又不想吃虧，請你這種人，我還真吃虧呢！

❹眼睛長在頭頂上，完全不把別人放在眼裡

如同上例談到的常雨，雖然各方面條件都十分優秀，但她已經先入為主地

每個人在公司中必有其存在的價值，我們不必抱持著批判的眼光去審視何者優劣。

打從心底「排斥主管」，別人自然更不可能把她「放在心上」。

老闆眼見自己任命的主管都得不到她應有的尊重，也會心想：你不尊重我任命的主管，就等於不尊重我，既然如此，管你多有能力，我也不必在乎你的觀感吧！

綜觀以上人格特質，希望你不是其中之一。如果不幸具備，所幸的是你能找到自己之所以在公司「無一席之地」的弊病，及早發現，就能及早治療！

盲目聽從，失去自我，盡信書不如無書。

「盡信書不如無書」這句至理名言蘊涵了一個很重要的道理，那就是凡事不能只是聽別人說，即使對方說的是真話，由於每個人判斷的基準不同，答案往往也是相悖的。所以，很多事需要盡可能地回到初心去判別，才能掌握真正適合自己的正確判斷。

在早期的傳說中，原住民因採伐發現了牛樟樹上的樟芝，而傳統的生活習慣使然，導致其族群愛好喝酒，所以關於肝臟的病變機率也居高不下，但在喝下熬煮過的牛樟芝湯汁後，竟逐漸痊癒，並且還有強健體魄的效果，於是，牛樟芝被原住民視為珍貴的藥材，並逐漸流傳至平地。

據現代醫學研究，牛樟芝可以抗過敏，提供免疫力，更對罹癌患者諸多衍

如果遇事單憑「眾人之言」、「過去經驗」，那麼這並不是智識，而是一種心理上的盲從。

生的不適症狀，有明顯的改善作用，因此許多生醫機構也研發了許多關於牛樟芝的保健食品，在市面上鋪貨甚廣。

不過，牛樟芝的神奇功效並非人人適用。因為在中醫裡，牛樟芝屬寒性，長期受胃病、胃寒所苦的人，如果為了保健肝腎而服用，反而會使胃疾更嚴重，反而造成身體的損傷。

見微知著，世事皆形同此理。即使有療效的聖品，也未必合適每個人，因為我們天生就是獨一無二的個體，如果遇事單憑「眾人之言」、「過去經驗」，卻未判斷是否符合自身優勢劣勢，或是當下情勢，那麼這並不是智識，而是一種心理上的盲從。

一般人因希冀安全感而選擇跟隨眾人之流，問題是，這種毫無根據地隨波逐流，反而會讓自己置身於不安之中——因為根本未依個人狀況做出獨立的最適判讀，即使採取大家都認為有效的方法，自己施行之前仍會抱著「我不妨姑且試試看」的心態，其實根本無法真正地弭平心中疑慮，自然難以安適自在。

我們心中沒有一個準則，很容易就會將別人聲稱的「百分百成功模式」硬是套用在自己的人生中。

經驗未必人人適用，自己的路還是得自己走

從美國研讀企業管理學位留學歸來的啓凱，回國後一直很想進入大企業歷練一下自己的實務管理能力。當時剛好有家貿易公司正缺一個行政部門主管，才華出眾的啓凱應徵後果然如願被錄取了。

不過，由於缺乏實際的工作經驗，為了不使自己的管理工作淪為空談，他主動向擔任高層主管多年的舅舅請益。看見啓凱的認真學習，舅舅也不吝相授，他認為：身為一位管理工作者，對待下屬的處事標準應該從嚴，絕不能馬虎，不能縱容，覺得不對之處就要直指其弊，並且，最好不要和單位中的員工走得太近，避免判斷失準，考評惹人疑慮，總之，就是期許啓凱成為一位不苟言笑的鐵面主管。

雖然啓凱的天性溫和，但他覺得以舅舅十幾年的管理經驗肯定錯不了，於是，從進公司第一天起，啓凱就按照這樣的「方針」行事，舉凡替下屬分派任

務、開會時、談論業務時，他一定會板起面孔，避免與大家有過多的情感交流，深怕動搖身為主管的公信力。

起初，這樣的威嚴的確有些震懾作用，啓凱下的指令，屬下皆乖乖允諾。但時間一久，他總是擺出一副盛氣凌人的樣子，逐漸引起很多人的不滿甚至反感，有些屬下開始與他針鋒相對，部門內部的人事糾紛也越演越烈。

屬下反應越是如此，啓凱越覺得：一定是我不夠威嚴。便變本加厲地常常喝斥屬下，但每日上班前後都感到身心壓力日趨難以負荷。

一日午飯時間，啓凱在常用餐的餐廳遇見公司的老總，兩人便同桌用餐，席間，老總問啓凱：「經過多次接觸，我一直覺得你是一個很好相處的人，為什麼部門內的工作氣氛會搞成這樣？」

這個疙瘩，其實啓凱自己也無語問蒼天，於是，他就把之前向舅舅請益的管理經驗向老總說明。

老總聽後笑了笑表示：「啓凱，自己的路還是得自己走，經驗未必人人適

用啊！」

一句話點醒了啓凱，這時才恍然大悟自己天生的個性就與舅舅背道而馳，其經驗自己自然不見得完全受用。

大徹大悟後的啓凱，立即開始調整自己面對屬下的態度，他按照自己的想法與實際情境，摸索管理的方法。時間一久，不僅更了解屬下的特長與想法，也懂得將其放在最合適的崗位，人人適得其所，工作績效頓時倍增，啓凱的身心壓力也煙消雲散，現在，他每天都踏著愉快的步伐上班、下班，以此為樂。

在生活中，我們往往不乏遇見像啓凱的舅舅這類經驗豐富的前輩，給予人生方向的指引，或工作上的建言。

私領域方面就連戀愛、婚姻層面，都有人會參照電視上的「兩性專家」言論去學習調整。問題是，這對你而言真正適用嗎？

如果面對眾説紛紜的經驗談，我們心中沒有一個準則，很容易就會將別人聲稱的「百分百成功模式」硬是套用在自己的人生中，或是覺得既然有些方法適用於類似情況的朋友，那自己也但試無妨。

等到「試用」一段時間後才覺得：自己過得越來越不快樂，或是與另一半漸行漸遠……這時才發現：我的人生如果連自己都不了解，別人怎麼能夠真正地設身處地理解？

況且，在每一種截然不同人格的戀愛配對中，你的另一半也與兩性專家提出的諸多個案不完全相符，別人的戀愛觀、婚姻觀何以能套用在彼此身上？

因為不安全感使然的盲從行徑，也等於對另一半有形無形中傳達出——我比較信任兩性專家或朋友建言，遠勝過你——自然自己在對方心中的重量也日漸稀薄了。

為了不要偏離自己的價值準則，你在施行他人提供的「經驗法則」前應該先斟酌：你是因為相信這個人，因此覺得其言言之有理嗎？如果是，那就要小心掉進盲從的圈套。

其實，不論是自己請益或別人好意，都要先替自己下一道「多聞闕疑」加上「慎行其餘」的雙重防火牆。在言談中，將自己直覺疑問處有所保留，其餘有把握的部分，再依情況試行，就可以不必聽盡人言，卻無所適從，並且從自己的體驗中，建立屬於自己的行事哲學，這才是真正量身打造的人生錦囊，更是生命中獨一無二的寶貴行跡。

心引力

不論是自己請益或別人好意，都要先替自己下一道「多聞闕疑」加上「慎行其餘」的雙重防火牆。

星引力法則

十二星座無可取代的優勢

白羊座

天生具有開拓性又作風明快的白羊座，面對眼前的難關，或尚未涉足的領域，總是帶著滿腔的熱血，勇於挑戰一切不可能的任務。當別人還在評估可行性的同時，白羊座早就把袖子挽起來在做了。如果能多注意顧頭不顧尾的毛病，多培養耐性，就能逐步達成階段性目標，順利成為團體中的領導人物。

ARIES

3/21~4/19

金牛座

金牛座是最懂得把無形的金額化為有形財富的星座，不論是考各種證照（以取得更高的底薪），或是存下自己的第一桶金（作為自己其他夢想實現的資本），他們都會將各種資產以最低風險的方式慢慢地提昇。深思熟慮的人生觀，也造就他們不會人云亦云，懂得用金錢的價值創造美好又富裕的人生。

TAURUS

4/20~5/20

雙子座

雙子天生擅長觸類旁通、舉一反三，別人需要花一年時間才能學會的技能，雙子座可能不用三個月就能做得有模有樣，特別是語言、溝通方面的優勢，常常會讓主管、長輩覺得他反應快，當成自己最得力的小幫手，所以升遷的能見度也很高，只要多善用自己的人脈資源，往往可以事半功倍地獲得幸福的生活。

GEMINI

5/21~6/19

巨蟹座

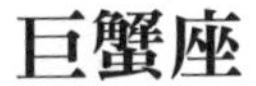

巨蟹座的優勢是直覺敏銳、感情豐富，總是能夠感受到他人細膩的情緒轉折，所以在團體中就像位成熟的大哥哥、大姐姐關心著每個人的情緒與感受，用知性與感性的關懷帶領大家成長，只要能多開拓自己的眼界，不耽溺於情感的付出與收穫，就能善用感性的創造力，為自己創造出圍繞著愛的光彩的幸福人生。

CANCER

6/20~7/22

獅子座

獅子座的優勢就是群眾魅力。亮眼的獅子座在人群中就像一顆閃耀之星，才華洋溢的耀眼光芒常常讓他輕易地贏得人生舞台，也因為獅子座的群眾魅力和管理才幹，所以其他人會自然而然地跟著他的方向行事，擁有領導者的氣魄與架式，只要不過於自負而封閉眼界，就能像高掛天勝的太陽般讓眾人仰慕！

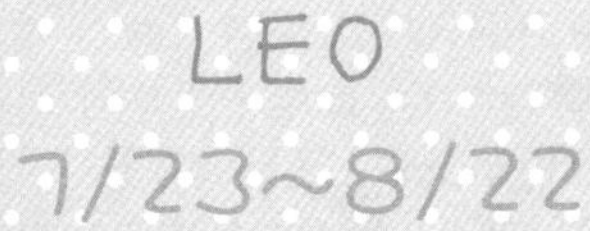

LEO

7/23~8/22

處女座

處女座的組織能力一級棒，當其他人對於如何執行還千頭萬緒前，處女座已經開始分析、規劃流程，而且能做得面面俱到。除此之外，處女座非常尊崇禮教和倫理觀念，在長輩心中，行事有分寸的處女座往往可以從年輕一輩中脫穎而出。不僅如此，他們認真負責，使命並達的態度，足堪擔當重責大任的全方位人才。

VERGO

8/23~9/22

星引力法則

十二星座無可取代的優勢

天秤座

天秤座的優勢是公關與協調的能力，因為懂得設身處地、客觀思考，很容易在合作雙方建立彼此的利基平衡，巧妙處理人際關係。他自己也能從付出與回饋的交往中，得到豐沛的資源，所以他很善於當朋友的貴人，他的朋友也樂於為其成就夢想。而他對藝術的鑑賞力和八面玲瓏的社交手腕，往往能成為時尚的座上賓。

LIBRA
9/23~10/22

天蠍座

天蠍座的深謀遠慮、觀察敏銳，往往能從最平凡的事物中率先嗅出趨勢、商機，不容質疑的好勝心也讓天蠍座在沒有全然的把握前，絕對不會輕易表態，等到大眾跟風逐利前，他早就大撈一筆了，因此容易成為洞見獨具的金融財務專家。而且天蠍座為達目的、不擇手段的超強意志力，也是十二星座中無人能及。

SCORPIO
10/23~11/21

射手座

射手座的優勢是正直坦率，相信人性。他們坦蕩無私的心胸往往可以和各種人談得來，天生具有替人指引方向的才能，堪稱心靈捕手。而射手座的使命就是不斷出走、拓展領域，並從中建立一套自己的人生哲學，他們無價的人生觀與見識廣博的經驗談往往是促使自己快速成熟與成功的絕佳關鍵。

SAGITTARIUS
11/22~12/21

摩羯座

CAPRICORN
12/22~1/19

摩羯座的優勢是耐力強，如果把人生當成一場長期抗戰，或許他們一開始是屬於比較坎坷的那一群，但最終會成為人生勝利組。因為刻苦耐勞、默默耕耘的本性，當別人縱情娛樂時，他腦中所想的是如何能出人頭地，以及學習成功的法則，從不掩飾自己的企圖心，所以自然而然就能得到上位者的提拔，位居高位。

水瓶座

AQUARIUS
1/20~2/18

水瓶座喜歡超凡的事物，而且一旦接觸後就會產生許多天馬行空的想法，所以水瓶座的優勢在於革新，如果他能善加利用自己反骨的本性，就能顛覆舊觀念，帶動新風潮。雖然他們的想法看起來太前衛，實際上卻是他們不斷深思熟慮的結果，所以也因此敢於想人所不敢想、做人所不能做，成為異軍突起的成功者。

雙魚座

PISCES
2/19~3/20

富於同情心又多愁善感的雙魚座，常常沉浸在各種感受、幻想之中，因而第六感異常發達。不過他們必須學會分辨，何者為正確的直覺或只是幻覺？才能有實質助益。雙魚座也可以將優異的感受力詮釋為各種藝術形式，在現實生活中就能如魚得水，再加上犧牲奉獻的精神，讓追隨他們的人就像信奉宗教般不可自拔。

「世上本沒有路，走的人多了，也變成了路。」

~中國文學家　魯迅

Chapter 2

模仿名人模式，自己就能出頭天？

模仿比爾‧蓋茲就一定能成功嗎？

在日常生活中，隨處可見「羊群效應」的影子。例如：大家都覺得進入科技產業薪資福利比較好，導致念資工、電機的人一籮筐，許多人都想成為工程師，卻未仔細評估在台灣的科技代工環境下，一家公司的盈虧幾乎都必須倚靠外來訂單，如果這一季訂單銳減，僧多粥少的情況就會衍生「無薪假」的問題，甚至成為變相裁員的一種手段。

我們常常會有「模仿成功人士」就能「複製成功模式」的自我安慰心理，因此大街小巷常常流傳著這類名人小故事：比爾‧蓋茲半路棄學經商；李嘉誠白手起家，抓住機遇，迅速致富……這些千篇一律的故事似乎總在重複同一種模式——主角起初一無所有，但經歷種種變故與努力後，最終名利雙收。

不過，你曾經深入探討過，他們為何而成功嗎？

大部分故事中的名人案例，談到的都是百分百天份加上百分百努力，再加上百分百機運的歷程。問題是這些事情發生在一般人身上的機率幾乎微乎其微。最後，我們會把焦點放在對於名利雙收的欣羨，然後告訴自己這種天分、機遇是可遇而不可求的，所以即使受到名人故事的激勵，過段時間後，我們又會把那些貌似不可能的偉大歷程拋在腦後，為什麼？因為你也感到那樣的方式、那樣的世界，實在離你太遙遠了。

模仿名人風險大，不如找出屬於自己的路

在ＩＴ時代，最為人稱道的名人成功案例——比爾．蓋茲其實並非來自平凡的家庭。他的父親是當地的著名律師，母親是第一州際銀行公司的首位女性主管，更是聯合勸募協會的首名總裁，因此蓋茲是出生在一個高度教育與深厚經濟背景的家庭。十八歲那年，父親還送了一台保時捷跑車作為蓋茲的成年

即使受到名人故事的激勵，但我們仍會把那些貌似不可能的偉大歷程拋在腦後，為什麼？因為你也感到那樣的世界，實在離你太遙遠了。

禮，更替他購買了當時非常昂貴的個人電腦，使他有機會成為世界上最早接觸到電子科技的第一批年輕人。

眾所皆知的，比爾．蓋茲最早是在自家車庫裡創業的（問題是，大部分的人家中連停車位都不一定有，更遑論車庫）。最初，他替ＩＢＭ公司做商務軟體，並由此創立了偉大的微軟王國。你可能會問：為什麼一個年輕人可以輕易與當時如此知名的公司合作？答案很簡單，因為蓋茲的母親瑪麗．蓋茲和ＩＢＭ的高階管理者約翰．埃克斯同為聯合勸募協會的董事，某次因緣際會中，兩人聊到電腦業的新興公司，瑪莉認為埃克斯低估了這些公司的未來價值，於是向他推薦兒子研發的ＤＯＳ系統，這就是比爾．蓋茲「白手起家」的過程。

在許多名人故事的背後，都有一些關鍵的情節被忽略了，如果我們只知其一卻不知其二，很有可能會掉到美夢的陷阱中，以為自己半路休學，加入科技業就有機會踏上比爾．蓋茲、賈伯斯的成功之路。與其抱著不切實際的夢想，不如好好思考自己真正有興趣的、拿手的是哪一項？再將其發展成一種專業，這才是名人之所以能成就偉業的精華——成功人士從未質疑自己與生俱來的優勢，並將其逐步落實生活、工作、生命，最後才能發揚光大、回饋生命。

做你喜歡的事，而不是做「成功機率比較大」的事

去做你喜歡的事情，而不是去做眾人認為「成功機率比較大」的事情，才能找到自己獨一無二的價值。

有許多人希望能夠和股神巴菲特共進午餐，做夢都想成為巴菲特那樣具有洞見的投資家。可是巴菲特在內布拉斯加大學演講時，面對一屋子學生崇拜的眼神，他說：「我和你們當中的每個人其實沒什麼不同。我情願吃一個Dairy Queen的起司漢堡，而不吃一份一百美元的大餐。真要說你們和我有任何不同的話，那就是我每天起床後都有機會做我最愛做的事，天天如此。如果你們想從我這裡學什麼，這就是我對你們的最好忠告。」

在許多名人故事的背後，都有一些關鍵的情節被忽略了，如果我們只知其一卻不知其二，很有可能會掉到美夢的陷阱中。

時至今日，巴菲特即使曾名列世界首富之位，但他的生活哲學卻非常簡單低調，他在一九五八年買下一棟荷蘭殖民風格的三層樓房，從此就再也沒有搬出這裡，他家附近的房子，現在只價值約二十五萬美元。

大家總會誤解巴菲特是因為對物質財富充滿了慾望，才取得了今天的成功。但事實上，巴菲特賺錢的目的並不是為了追求金錢或者物質財富，更不是為了花錢。

所謂對金錢的追逐，不過是因為他熱愛的事業與之緊密相關而產生的假象。巴菲特曾經說過他年輕時參加派對，通常都不在狂歡的群眾中，而是待在角落裡看其他公司的報表。綜觀巴菲特的一生，你無時無刻都能感受到巴菲特對於他事業的執著和熱情，現任波克夏·哈薩威公司的副董事長查理·芒格曾表示他從未看見巴菲特疲憊的樣貌，你不得不承認，這個「賺錢」的興趣，對於他的投資生涯和資產管理影響甚深。

即使在波克夏年會時，巴菲特仍反覆強調年輕人在選擇職業方向和規劃職

業道路的時候應該多地關注自己的興趣。如果，你的事業能從興趣中起步，從此就不再是工作中的「苦役」，而能順應內心地樂在其中。不過，每個人都有自己感興趣的事情，或許還不止一個，可是能夠為「某一個興趣」而付出畢生的努力，不被誘惑和壓力所困擾，平和並耐心地一步一步走下去而不在乎成敗，這絕對是極難的一件事。但如果你想尋求真正快樂又充實的人生，除了順從內心地付出與投入，似乎沒有第二條路。

心引力

去做你喜歡的事情，而不是去做眾人認為「成功機率比較大」的事情，才能找到自己獨一無二的價值。

賈伯斯曾說：「被蘋果公司開除，是我的幸運。」

每個人都曾經問過自己：「我希望自己未來成為一個什麼樣的人？」或是在為人生打拼時，也曾想過：「我希望自己退休後能過著什麼樣的生活……」

而一個人能否回應自己的期許，很多時候往往取決於他擁有什麼樣的信念。不論你遇見什麼樣的境遇，能對自己的信念越堅定，面對艱鉅挑戰就會越積極，才能成就一切。

隨時準備好退場機制，就不會突發事件擊敗

賈伯斯和夥伴們的創業故事，就和許多美國矽谷的創業奇蹟如出一轍，有的人從大學退學、有的人從車庫工廠做起、有的人研發技術創新、有的人創造

了新的商業模式……這些都需要在特別「天時、地利、人和」的情況下，才能造就一個時代的奇才。但賈伯斯與其他人唯一不同的經歷是——他曾經被自己一手創建的公司開除！

賈伯斯的優異才華，你不得不承認這完全來自他的天賦，不過，各種天賦異稟人皆有之，若是你面對被自己創立的公司視為拖垮公司營運的毒瘤而被排擠、開除，是否也能像賈伯斯擁有如此強烈的信心——認為被迫離開蘋果公司，是這輩子最為幸運的事情之一。

我想，一個認為自己不論是在思考、才能都是萬中選一的人而言，遭遇如此，多數人都會變得憤世嫉俗，一蹶不振。

但賈伯斯卻認為：「我終於可以完全按照自己的想法工作了。」

他曾和媒體揭露自己面臨那段低潮時的心境，他不斷地告訴自己：「不要喪失信心，這是那些年讓我繼續走下去的唯一理由。」

若是你面對被自己創立的公司視為拖垮公司營運的毒瘤而被排擠、開除，是否也能像賈伯斯擁有如此強烈的信心？

在賈伯斯離開蘋果之後，他很快投入到皮克斯動畫和NeXT公司的發展中，徹底地將自己天馬行空的創意翻新電腦動畫技術，皮克斯動畫甚至製作了世界上第一部全部由電腦特效完成的動畫電影，就是大家所熟知的《玩具總動員》，而現在這家公司已經是業界名利雙收的電腦動畫製作公司之一。

不過，蘋果公司就沒這麼幸運了。

自從蘋果公司失去賈伯斯這個獨裁的夢想家後，營運逐步開始走下坡，因此董事會不時關注賈伯斯的動向，在得知他並未挫敗反而東山再起時，面臨經營窘境的蘋果馬上就把賈伯斯新創立的NeXT買了下來，而NeXT的老闆——賈伯斯也就理所當然地重新回到了蘋果公司，公司因此更重視他的價值與貢獻。

這個回鍋的決定果然證明蘋果公司無法失去賈伯斯這帖猛藥，因為他透過創造iPad，改變了全世界的電子消費習慣，重新讓蘋果公司站上市占率最高的巔峰。

回顧賈伯斯的人生歷程，我們可以如此註解——賈伯斯的才能給了他一個

比一般人更容易登上成功的台階，但真正讓賈伯斯實踐一生夢想的，卻是他在挫敗後依舊不忘的信念。

害怕失敗是阻礙夢想的最大絆腳石

在現實生活中，很多人因為一時的失敗，就馬上降低了成功的標準，動搖了實現的信念，不是抱怨這個世界不公平，就是懷疑自己的能力，還催眠自己：「我不可能會成功的，我就是這個命。」

許多人想藉機逃過命運對夢想的殘酷砥礪，選擇一勞永逸的安穩人生，然後又在午夜夢迴時心想：我要是那時候堅持下去不要放棄的話，現在搞不好會過得更自由快樂……。

害怕失敗的念頭是一個人不能走向夢想人生的最根本原因，因為你都不相信自己了，你還指望這世界上會有誰相信你？

賈伯斯曾說：「不要喪失信心。這是這些年讓我繼續走下去的唯一理由。」

這時再回頭來責怪環境、身邊的人，都是不願意對人生負責的託辭，而且日積月累下，這些悶悶不平的怨氣還會連帶摧毀你現有的人生基礎，與其如此，為何不改變現況踏出去？

賈伯斯曾為自己顛覆的人生下了一個禪意的結論：「人生中每一件事都是一個點，發生當時看不出原因。但在路的盡頭，這些點都會連成一線。那時你才明白那些事件發生的意義。」

這種「凡走過，必留下痕跡」的想法，是鼓勵我們擁抱眼前一切的成功與失敗。不須多問，也不要灰心，超乎理性地去堅信它們都是為了未來的大成就做準備。

如果你為了生活不得不選擇現在的工作，但它卻與你的興趣大相逕庭，那麼你更應該好好地在當前的工作下心思，因為未來有一天或許你會發現，就是因為當前的工作專長，你才有機會和自己的興趣接軌。只要我們用心走每一步，不放棄心中的夢想，就會了解現在的每一步其實都是通往夢想的道路。

也許你覺得自己還很年輕，但是關於生命終止的那刻，我們誰也無從得知。所以不要把自己的時間浪費在別人想要的生活，浪費在失意中。

要記住，一個有心成就的人就要擁有跟隨內心與直覺的勇氣。你真正想成為什麼樣的人是最重要的，其他都是次要的。只要心存這個信念，任何厄運都不會把你擊敗，任何厄運也會變成好運。

害怕失敗的念頭是一個人不能走向夢想人生的最根本原因，因為你都不相信自己了，你還指望這世界上會有誰相信你？

另闢新路，人生最好的投資是投資自己。

反骨的中國文學家魯迅曾說：「世上本沒有路，走的人多了，也變成了路。」

在成長的路上，我們常常尋找一條有例可循的道路，卻未仔細思量「路都是人走出來的」，如果你想尋求一條安穩的道路，心裡就必須做好心理準備，在這條路上必定「人才濟濟」。

如今若倒退時光二十年，當時電腦並不普及而且非常昂貴、笨重，若沒有人率先投入這塊產業使其進化，今日我們無法擁有如此便利的生活，甚至很難想像，如果回到了沒有網路、沒有電腦的年代，該如何工作和生活。而那些原本看似寄託夢想的電腦研發工作，也成為了今日世界上最蔚為潮流的產業。

無論是未來的十年、二十年……更久的未來，必定會出現更多超越當代的

新興產業，當然，這也意味著有些過時的產業將大幅衰退，除非能經過陣痛期，徹底轉型成功。所以，你不必跟風追求——現在做什麼最賺錢？

你應該用一生去尋求——我這輩子最想做什麼？

你會把存款拿去買房，還是投資自己？

我相信，一輩子努力工作最終能擁有一間屬於自己的房子，是許多人心中的美夢。因為一個理想的房子，就是我們心中最溫暖的家，當心有了歸屬感，也會更賣力地追求人生中的目標。

但高通膨、高房價的時代，卻讓這個夢想離我們越來越遙遠，就算你存到了一筆頭期款，還必須確認未來幾年如果認真工作（還不能失業），房貸才能無虞。你會像多數人去把存一輩子辛辛苦苦的錢拿去買一間房子，還是把這筆資金用在投資自己的人生？

接下來的故事，可以提供你另一個思考面向，重新檢視自己人生的選項。

有個年輕人二十一歲從哥倫比亞大學金融系畢業後，就一直想留在紐約工作，無奈卻處處碰壁找不到工作，於是他沮喪地回到老家繼續覓職，最後只好到一家證券公司去當薪資福利都很差的股票業務。

一年以後，他遇到和自己同樣熱愛爵士樂的女孩蘇珊，並對她一見鍾情，便勇敢地追求她，最後兩人也順利步入婚姻，不過此時的他仍然是個收入不太穩定的股票業務。

結婚後，這位年輕人非常賣力地拉業務，終於存到了一萬美元，此時，他詢問新婚的妻子：

「親愛的，現在你面前有兩個選擇，一是把這一萬美元拿去付一間我們負擔的起的房子頭期款，二是讓我拿去投資，再過幾年，我們就能買間更好更大的房子。」

蘇珊不假思索地回答：「好，我相信你。」

過了一年，蘇珊懷孕了，是個女兒，他們一家仍擠在租屋的小房子裡，晚上還能聽到老鼠啃天花板的聲音。年輕人仍認真地埋首於工作中。

四年後，年輕人的事業逐漸有了起色，後來還和朋友成立一家投資公司。

到結婚第六年的時候，他的新公司站穩收益，因此，他實現了對太太的承諾，花了大概二十萬美元在故鄉置產，買了間夢想中的荷蘭式房屋，雖然不是一般人夢想中的豪宅，但他們很知足。

到了年輕人三十二歲的時候，他終於賺到了人生中的第一個一百萬美元。雖然他的合夥人和朋友們都陸續買了幾間豪宅置產，但是他並沒有打算買新房子，他用這筆錢持續進行投資，擴大自己的事業版圖。

又過了兩年，他的個人資產已高達兩千兩百萬美元。

即使如此，他依舊過著深入簡出的生活，始終如一地把工作當成自己的興趣，直到二〇〇八年，他已經成為這個世界上最富有的人——股神巴菲特。

當你看到這個故事，你還會把買房子當成人生的第一目標嗎？身為父母，還會堅持要把擁有穩定收入的男人看成嫁女兒的先決條件嗎？

其實，巴菲特的妻子蘇珊才是真正的股神，她讓巴菲特做了一生中最重要的一次投資，那便是投資自己。

如果蘇珊一開始就選擇買一棟屬於自己的房子，可能巴菲特到現在還只是一個很普通的證券經紀人。況且，即使是股神這樣對投資天賦異稟的人，也需要十年的發展，才能取得不錯的成就，更何況是我們普通人呢？

或許你沒有一筆充裕可運用的資金，但你至少和巴菲特同樣擁有一項值得投資的興趣或天賦，與其心猿意馬地把工作所得花費在一時的欲望……買衣服、吃大餐、買電子商品，不如投資在自己的理想領域中。積沙成塔，就算每個月撥定額的款項到你的夢想帳戶中，日積月累也是一筆可供運用的財富。

你也可以每個月撥部分薪資到「學習帳戶」中，想想，針對你的目標，你還有哪些不足之處需補強，不論是用於提升語文能力、電腦技能……各種五花八門的專業課程，只要你有心投入，「把興趣變成工作」並非癡人說夢，而是未來圓夢的關鍵決策。

巴菲特曾告訴大家：「如果你想永遠立於不敗之地，最好的選擇就是投資自己。」你不必盲目追尋和別人同樣的人生，只要你找到了自己之所以存在的生命價值，未來就是屬於你的，旁人的歷史經驗不必盡信！

打破舊模式，培養出一種新的「慣性」。

英國的科學天才貝爾納曾說：「構成我們學習最大障礙的是已知的東西，而不是未知的東西。」

隨著成長的經歷，我們會逐漸形塑一套自己思考的邏輯與行事的風格。如果過去曾經遇過同樣的經驗，下次再遇到類似的事件又在人生中上演時，我們就會不假思索地取經上次成功或失敗的經驗，本能地重複同樣的模式，套用在此次事件的應用之道。

例如：一個初嘗戀果的女孩，若是後來發現長相俊美的男友劈腿，就會在心中種下——長相好看的男人都不值得相信的殘念，面對未來的緣分，心理上會自然排斥那些偶像系的男人，甚至會極端地想：長相普通的男人比較可信，交往起來也比較有安全感。結果，因為當初年幼無知不懂得追根究柢——其實

兩人間的感情在男方劈腿前早就出了問題，反而因著過往「受傷的記憶」對現在的男友很放心，卻未理智地檢討自己在感情中屢犯的弊病，最後男方就算沒有劈腿，兩個人也未必能幸福圓滿。

經驗的累積，會幫助一個人走向成熟；但過度依賴經驗，反而會讓人生在既有的認知中繞圈圈，導致想法僵化，頻頻碰壁，自然難以讓人生進階。

況且，完全依賴「記憶」的經驗，卻忘了所謂的「記憶」完全是憑藉「當時個人的主觀感受」判別是非曲直，那麼如此主觀的經驗論，是否受用於下次偶然發生的客觀事件中？是一個值得自己好好探討的問題，也是解開人生許多謎團的有利線索，只要你願意放下落於俗套的主觀。

在舊經驗上找出路，等同於蠢蛋在守株待兔

過去，紐西蘭的農場經常遭到牛群的踐踏，導致作物生長的歪七扭八，收

英國的科學天才貝爾納曾說：「構成我們學習最大障礙的是已知的東西，而不是未知的東西。」

成欠佳。

某位農場主人為了防止周圍的牛群來破壞農田和莊稼，就用電網把整個農場圍起來，結果馬上收得成效，自從圍了電網，牛兒們都不敢靠近，再也沒有見到牛群的蹤影。

即使附近的農場主人都很讚賞他的做法，卻因為電費高昂而無法長久效仿。於是紛紛向那位農場主人求教，該如何因應才符合效益。

農場主人笑著回答：「其實我只讓電網通了幾天電，就把電源關了，即使電網早就不通電了，可是牛群也不敢再靠近。」

就如同那些被自己經驗所束縛的牛群一樣，人類有時候也會受限於過去的體驗而舉步不前。

例如：人們上班時總是習慣走一條固定的路線或是乘坐固定的某路公車。道理很簡單，因為人們相信經驗，害怕改變，擔心這種改變會為自己帶來不必要的麻煩。但遺憾的是，人們的這種習慣實際上並非最佳的選擇。

在職場當中，很多人換了公司或工作後總是覺得難以適應，原因就在於他們總是將以前公司的那種文化和處事方式，拿到新公司來套用，結果一再碰壁。事實上，不是你現在的公司環境有問題，而是你不能突破和改變舊有的思維習慣和行事的方式。

影響創造性思維的關鍵因素就在於風險意識的弱化。因為我們做一件事情，越富有創造性，承擔的風險就會越大，因此，嘗試新事物、運用新方法，關鍵是要有勇氣承擔比循規蹈矩更多的風險。

但不容忽視的一點是，在很多特定的時期，如果不能打破這種思維定調，反而會使我們陷入更加危險的境地，落入「自以為對」的窠臼，結果意外的換來失敗的結果！

因此，我們必須學會冒險、學會應變，學會突破既定思維，你的天賦就能在更廣闊無涯的天際自由翱翔。

如何培養RESET從零出發新思維？

在許多電子商品上，都會有一顆隱藏版的「RESET」裝置。當我們使用一段時間後，若想要還原為「原廠設定」，只要啓動RESET鍵，電器的記憶體就會回到毫無歷史紀錄的狀態，可依自我的喜好重做設定。

我們的思維也需要這麼一顆「重置鍵」，好讓自己打破慣性，隨時重新出發，人人都可培養RESET的能力，不過你需要以下步驟才能確保心智進入重新設定的狀態：

❶不安全感算什麼，戰勝了就沒什麼好怕

要讓心智保持在最佳狀態，以利自己做出最適宜的決定，首先要先調整心態的問題。一個人之所以依賴舊有經驗與慣性，大多是來自害怕冒險帶來的不安全感。問題是，如果你想尋求開拓的人生，就必須跳脫「智識的限制」。

我們大多數人遇到的情況是：自己心裡很想要突破，但是思考邏輯卻告訴

如果不能打破思維定調，反而會使我們陷入更加危險的境地，落入「自以為對」的窠臼，結果意外地換來失敗的結果！

我們這個不行、那個不會成功。問題是，這就像騎腳踏車一樣，如果你一直在屋內騎，的確比較沒有危險。問題是怎麼騎也騎不快，更不可能看到什麼風景，只有到屋外去騎，打破限制，才能體會到戶外騎腳踏車的心曠神怡。

所以，真正有所成就的人，往往不是因為他的智力超群，而是他的心智能夠跳脫常理邏輯，洞見觀瞻。

只要問問自己：最壞的情況會如何？以此做為自己思考的疆界，只要在最壞的結果內的各種情況皆可承受，你還大有可為！

❷人事時地物如有相異，依託經驗談就不合理

要細心察覺，當你又想要憑著「經驗談」行事，或是說教於他人時，要先想一想：到底現在這個時空背景、當事人的角色、情節輕重、相關重要環節，是否有任一處與之前的狀況相異？

事實上，每個事件中我們都能至少找出一個相異之處，如果單憑經驗驟下判斷、批判，去告訴自己或他人：這件事理所當然應該如何處置？或是關於誰的是非對錯？看似非常有例可循，實則完全不合邏輯，千萬不要被自己或他人的想法給蒙蔽了。

因為唯有站穩「每件事都是客觀事件」、「每個人都是獨一無二的個體」的立場，才不會發生單憑經驗談、主觀感受卻導致判斷錯置、決策錯誤的結果，反而能用「現在」或甚至「未來」的就事論事觀點，察覺出真正受用的解決之道。

❸跨出新領域，需要藝術賦予的想像力

如果你仔細觀察就會發現，在某些領域特別傑出的人物，對某些藝術都有特定愛好（或是他們的另一半才華洋溢）。藉著對藝術的鑑賞力，往往可以讓他們在最平凡無奇的事物下，看到奇異的光芒，或是總有靈光一閃的瞬間，這

真正有所成就的人，往往不是因為他的智力超群，而是他的心智能夠跳脫常理邏輯，洞見觀瞻。

種超脫世俗的能力與落實的執行力，是他們之所以能出類拔萃的原因。

究其原因，一般人都會本能依賴左腦的理性思考，卻不常運用右腦的感知、直覺探索的能力。

為了跳脫思考框架，你可以藉由接觸藝術領域來提升自己的右腦感受力、想像力、開創性。不必花大錢去學特殊才藝，只要每天留三十分鐘給自己培養感知力與想像力，不論是聽音樂、欣賞畫作、閱讀小說、看電影……用藝術培養想像力，視野大不同，就能逐漸從既有的現實框架中找出「平常想破頭也想不到的」突破點，並從想像力中喚回遺失已久的初衷！如此在左右腦並用的情況下，就能把不可能的夢想化為有計畫的藍圖。

三國時，諸葛亮的《空城計》之所以能成功逼退司馬懿，原因就在於諸葛亮看破在司馬懿的思維中，早已將自己定調為做事謹慎、不可能冒險的性格，才能破敵。

人生之所以原地踏步，非關命運，最大的主因與敵人就是自己。只要能吸收以上對你受用的方式，每次看事物都用新的視角，用彈性的心去接納每一種變化，即使原來的世界並沒有太大的改變，但你卻已經找到最貼近自己、最有助拓展人生的零極限視野。

創造運氣，就能讓不好的事變成好事。

電視媒體中常常播放許多名人如何從社會底層一路打拼向上、最終功成名就的故事，卻有不少人會認為：我也很努力啊！只是沒有他那麼好運而已。

在一般人的眼中，運氣是一種神秘莫測、可遇不可求的機遇。的確，一個人能否抵達目標，運氣是一個很重要的影響因素，有時候，似乎用盡全力，就是難以得到命運之神的親睞，似乎絕望的想放棄，認為：「算了吧！我就是沒那個命，這輩子就只能這樣了……」

不過，如果你把努力了大半輩子始終無法有所成就的罪責都推給命運，無疑是對人生宣誓放棄，對自己毫無助益，你反而應該想想，為什麼命運之神總是站在別人那邊呢？我該如何讓時勢站在我這邊？

當你學會這樣思考，才能看到問題真正的關鍵，找到病因，始終不得志的人生才有痊癒的轉機。

命運之神只給肯修正自己的人一次機會

小強是一名私校中文系的應屆畢業生，從小到大他就對閱讀、出版有很大的興趣，所以畢業後，他也想成為出版社的一員。無奈沒有工作資歷，頻頻被應徵的公司打槍，幾乎想放棄的他，抱著最後一絲希望到一家雜誌社應徵助理編輯的職位。

那天，來參加面試的有三個人——私立大學畢業的小強、國立大學畢業的小張、碩士生小陳。即使比起其他應試者的學歷，小強明顯處於劣勢中，然而，憑藉著出色的口才和優秀的筆試成績，小強和小陳一起獲得了為期一個月的試用期。

上班第一天，部門主管交給小強和小陳同一個專欄的校對工作。由於缺乏

相關的工作經驗，小強在校對的過程中出現了許多疑惑與問題，但他擔心詢問主管，會被知道他的能力不足。即使隱隱感覺不太妙，他還是將校對後的文稿呈交給主管。果然不出所料，第二天中午，部門主管就直接告訴他：「你明天不用來上班了。」

沒想到，離開新公司一周後，小強意外地接到部門主管打來的電話，詢問他是否還有想回到公司擔任助編的意願。中間究竟發生了什麼事，讓局面出現如此大的轉圜？

原來，在部門主管第二天中午告知小強公司的決定時，即使他心中感到非常失望，但並沒有放棄，他仍希望把握最後學習的機會——把經手的那份稿子修改好。於是，他請求主管再給他一次修改的機會，並且虛心請教主管，了解自己的疏漏之處，並認真地把錯誤一一校正過來，在當天離開公司前，把文稿交給部門主管，並對他說：「我知道自己昨天犯了嚴重的錯誤，我今天特別針對這些過失一一盡力修正，請您有空時審閱一下稿子內容。希望我們還有合作的機會。」語畢，就和部門主管握了握手，恭敬的言謝轉身離開了。

正是因為小強的堅持和面對危機時的態度，讓他有了在雜誌社工作的機會。後來，經過一段時間的學習，小強還成為雜誌社最優秀的編輯之一。

成功者總是在尋找奮鬥方向的同時，千方百計地把握自己的機遇，創造自己的運氣；失敗者卻恰恰相反，他們總是在等待「幸運女神」降臨，認為成功只是一連串偶然機會的結果。

如果你也曾經抱持著這種想法，建議你摒棄投降的念頭，因為面對逆境，舉白旗雖然簡單，卻不會因為你不會寫這份考卷，下次就不用再參加考試。如果你能搞清楚為何自己總是在同樣的地方退縮、犯錯，承認自己的不足，勇於承擔學習修正錯誤的責任，並且確定自己已經駕輕就熟，不會再讓同樣的錯誤絆住你的腳時，晉級的台階就在眼前。

知名的物理學家愛因斯坦曾說：「機遇只偏愛有準備的頭腦。」

所謂的幸運或霉運，只是當下的主觀感受，如果你能用比較深遠的視野來看待人生的波折，很快就會了解到，所有的好事與壞事，其實都是殊途同歸——目的在幫助你走向自我。如果你一再排斥、逃避，損失的永遠不會是那些被你離棄的人、離職的公司，而是率先被你的信念放棄的自己。

如何讓命運之神站在你這邊？答案很簡單，當你釐清現實的迷霧，真正的站在自己的初心這一端，並且為了成為一個更好的自己做好心理準備，那麼當幸運之神召喚你時，你不會有一絲猶豫，因為你知道這是專屬自己的幸運，誰都搶不去。

保持低調，不要鋒芒太露。

老子在《道德經》中曾說過：「揣而銳之，不可長保。」意思是說當你把刀子磨利了，卻要再揣進懷裡收藏，恐怕放不了多久就要破袋而出了。警示世人如果一個人常常鋒芒畢露，只會傷人傷己。

當我們聽過了許多名人軼事，除了心生仰慕之餘，可能還會產生一種「為什麼他可以，我卻不行！」的激勵心理，如果能善加運用，可以讓自己更懂得沉潛自適，在日常生活中用心培養自己的才華實力，等待時機，再一展長才。

但這些名人的經歷卻會對某些人產生「偏激」的效果，如果未能體會對方是在特殊的時空背景下，才能有所作為，不假思索就貿然行事，反而會讓人生更加一敗塗地。

鋒芒背後的血汗經歷，才是成就的真相

例如：有些正承受著課業壓力的學生讀了賈伯斯的經歷後，就誤認為：「想要活出自我，我並不一定要在學校認真學習！」事實上，賈伯斯只是把學習的專注力放在自己有興趣的領域上，並且不斷鑽研才能成器。

有些人認為旅日棒球好手楊岱鋼之所以今天能在日本職棒火腿隊擔任看板球星的地位，是因為他選擇了自己最愛的棒球。於是，自己也決心脫離上班族的身分，從興趣著手經營事業，卻因熬不過創業的艱辛，又只好回到工作崗位重新開始。

事實上，楊岱鋼雖然一直以來都是為了自己的興趣而奮鬥，但他並沒有逃避現實生活的考驗。

大家所不知道的是——楊岱鋼的父親是每天幾乎都要工作超過十二小時的砂石車司機。楊岱鋼為了替家裡省開銷，他從十四歲起就靠公費隻身一人到日本念高中，每天早上五點起來練球，下課後要面對一堆寫不完的功課，還要邊苦修日語，忍受不同文化的異樣眼光，當時他每天都睡不到四個小時。大家只有看到楊岱鋼旅日球星的耀眼光芒，卻沒看到他走過的那些一般人所不能忍的艱辛。

所以，千萬不要只注意到名人的「鋒芒」與「特殊經歷」，卻忽視了他們之所以有今天，是為了興趣一路「苦練」至今，才能稍有收穫。

而有些只知其一、不知其二的跟風仿效者，卻認為恃才傲物才是王道，反而讓人覺得華而不實或者故意做作。其實，韜光養晦才是這些人之所以能成大器的表現，這甚至是在這個競爭激烈的社會中生存和成功的前提。

讓別人看不到你的強項，其實是在等待機會

民偉自留學回國後，就任職於一家外貿公司。他剛剛進入公司時，由於各方面條件十分出色，讓部門經理深感威脅，於是一直對他懷有戒心。

民偉剛到公司上班的時候，部門經理就曾測試過他，對他說：「好好幹，我的位子遲早是你的。」

實際上，民偉根本沒有這種企圖心，他只想跟在經理身邊好好地學些實務，找機會磨練磨練。

為了打消經理的疑慮和戒心，民偉私下檢討自己太洋派的行事作風，是否會引起同事的嫉妒與不滿？這並不是他樂見的情況。

於是，民偉收起鋒芒，拿出謙遜的工作態度，在平時的業務會報時，他還常常刻意隱藏自己的獨特見解，經常留下一些疏漏之處給經理總結補充。

在日常工作中，民偉也非常尊重經理的裁示。

有一次，經理正巧出差，但民偉接到一筆大訂單，其實他完全可以自己作主，趁此搶下功績，但他卻致電向遠在千里之外的經理請示，巧妙地把功勞「讓」給了經理。

一個聰明的人不會輕易顯露自己的鋒芒，他們總是適時地收斂自己，以此求得自我保護。

果然，經理最終打消了對民偉的顧慮，經常主動把一些重大的決策權下放給他，反而讓他有更多學習判斷的決策機會，讓他發揮所長。

鋒芒畢露，只會讓本該屬於你的機會中途夭折。所以，一個聰明的人不會輕易顯露自己的鋒芒，他們總是適時地收斂自己，以此來求得自我保護。

糊塗並非真糊塗，讓別人看不到你的強項，其實是在等待機會，時機一到，自然水到渠成。一般人卻吃不了這種苦，甚至還認為自己的主管、老闆刻意打壓自己，最後連地位都還未站穩，歷練也還未通透，就失去了繼續學習的機會，豈不因小失大。

諾貝爾經濟學獎得主萊因哈特．賽爾頓教授曾提出著名的《博弈》理論。假設有一場比賽，參與者可以選擇與對手是合作還是競爭，如果彼此採取合作策略，像鴿子一樣瓜分戰利品，那就不必浪費時間、精力和對手爭鬥；如果彼此採取競爭策略，像老鷹一樣互相爭鬥，那麼勝利者往往只有一個，而且即使獲得勝利，自己也會被啄掉不少羽毛。

人生中沒有永遠的朋友，也沒有永遠的敵人。你對敵人採取什麼樣的態度，決定了你能否有所成就。

中國人有句老話：「多個朋友多條道，多個敵人多堵牆。」

如果一個人樹敵過多，不僅會讓人邁不開追求成就的步伐；避免樹敵，學會與他人合作，一個團隊的力量總是比一個人的力量更強大，這樣才能使自己的夢想舞台無限伸展。

心引力

人生中沒有永遠的朋友，也沒有永遠的敵人，你對敵人採取什麼樣的態度，決定了你能否有所成就。

星引力法則

十二星座成大業的工作領域

白羊座

ARIES 3/21~4/19

白羊座適合到能夠突顯自我風格和特色的行業發展，並不適合成為一個沒沒無聞的螺絲釘。此外，白羊座本身就很關注各種運動，所以與運動競賽相關的產業，或是跑車改裝行業，都能滿足白羊座的好勝心。而一些極需表達能力和自信的行業，比如兼職模特兒或是藝術表演者，也是白羊座絕對能夠勝任的強項！

金牛座

TAURUS 4/20~5/20

金牛座的人天生對財務有不安全感，所以最適合擁有固定收入的工作，因此會計師、公務人員等都非常適合。此外，金牛座也擁有卓越的鑑賞力，所以很適合成為藝術或時尚產業的基層執行人員。最重要的是，金牛座要的是一份能給他安定感的工作，所以任何高風險相關的事業或創業即使金牛座參與也力不從心。

雙子座

GEMINI 5/21~6/19

雙子們天生對電子產品有強烈的好奇心和理解能力，讓雙子們在這個E化的時代，輕易就可以在網路世界累積資本。在不景氣時，雙子也是最有能力生產宅經濟的一群人，從線上遊戲、網拍，甚至就在網路上轉賣電子產品或是販售自己的E知識與E服務等等，網路世界對雙子來說，真是處處商機無限阿！

巨蟹座

CANCER
6/20~7/22

巨蟹座是最能帶給人們「像家人一樣溫暖」感受的星座，所以只要與家庭相關的烹飪、織品、各式各樣家具飾品等等之類的產品販售或是教學，都非常適合喜愛打造美好家居生活的巨蟹座。另外，餐飲業如小型特色餐廳、咖啡店、麵包店等等，或是一些與房產、保險相關的業務，巨蟹座都能做得非常得心應手。

獅子座

LEO
7/23~8/22

獅子座性格中含有無懈可擊的自信和對成功的執著，再加上藝術的天分，這些都是成為一個優秀藝術家的必要特質。所以只要能夠充分展現才藝的領域，無論是寫作、攝影、繪畫、音樂演奏、舞蹈、戲劇等等，都很適合天生就具有表演欲與詮釋欲的獅子座，只要願意認真投入創作、藝術領域，獅子座發光發熱只是時機的問題。

處女座

VERGO
8/23~9/22

處女座的完美主義加上追根究柢的熱誠，非常適合從事品管、資料分析和各種需要花費心思細究的專業領域。而且處女座平日就很注重養生之道，因此營養師、藥劑師相關的醫療業也能讓他們充分發揮講求專業又能服務大眾的人格特質。因為他們超級細心，就算只是主管身邊的特助、秘書，也可以做得超乎預期！

星引力法則 十二星座成大業的工作領域

天秤座

天秤非常適合門面類的工作，他可以當個稱職的公關人員，讓公司在外形象良好，自然財源廣進。天秤也適合走唯美派的路線，像是畫廊、藝術品、古董商、珠寶店，或是利用自己的愛美天性來創業，當一個造型設計師、化妝師、芳香療法、Spa館、減肥瘦身顧問等等都可以讓天秤愛美的特質發揮到淋漓盡致。

LIBRA
9/23~10/22

天蠍座

天蠍座具備很強的洞察力，天生就很了解人性的弱點，所以像心理諮商師、心理醫生等能夠深入性格推敲判斷的工作，都很適合天蠍座。此外，他們對事件抽絲剝繭地稽核和推理能力，也適合涉足偵信、調查有關的工作。任何與數字、神秘相關的工作，都能夠讓天蠍座超乎常人的敏銳度得到最佳發揮。

SCORPIO
10/23~11/21

射手座

射手座一向喜歡無拘無束、自由自在的生活，所以能夠讓他們足跡遍佈全球的旅遊業、航空業，都能滿足他們那顆隨時想出走的心。而射手座對於人性哲思的深究、外貿的溝通領域也是他們的拿手強項，如能在以上產業持續深耕，很容易就成為導遊、學術研究、外貿事務中的佼佼者。

SAGITTARIUS
11/22~12/21

摩羯座

CAPRICORN
12/22~1/19

摩羯座謹慎規劃、刻苦耐勞的人格特質，很適合在一家穩定的公司逐步晉升、力求發展。所以各種講求實務的傳統產業都很適合實事求是的摩羯座長期投入。而且由於過往的資歷讓他們對公司運作的流程都非常清楚，又能深得老闆的信任，所以往往能成為公司的高階管理人才。

水瓶座

AQUARIUS
1/20~2/18

水瓶座對於人生有著截然不同的見解，反骨的個性也讓他們不願隨波逐流追求充滿銅臭味的生活。所以水瓶座能夠充分發揮的工作領域，絕對是他們自己覺得非常有興趣或很有理想性的行業。因此，一般人想都不敢想的天文學家、發明家、科技創新領域，都是水瓶座可以發揮超乎常人的鬼才之處。

雙魚座

PISCES
2/19~3/20

對於雙魚座的人而言，「感覺」對不對比什麼都還重要，所以完成一件事內心的成就感就是他們對工作最大的要求。因此，將「人性至善」那一面發揮的淋漓盡致的行業最適合有著氾濫同情心的雙魚座投入，例如：慈善事業和志工、義工等公益活動等。而擅於天馬行空、多愁善感的雙魚座在藝術表演、藝術創作領域也能得到認同與讚賞。

「停止抱怨，你就能在眾多的競爭者中脫穎而出。」

~戴爾公司創辦人　麥可・戴爾

Chapter 3

致命弱點，
是扼殺成就的最大殺手！

抱怨聲越大，生活越糟糕。

一位哲人曾說：「這個世界上最多的東西，不外乎兩種：衰運和抱怨。」而且兩者之間存在著雞生蛋、蛋生雞的關係——衰運孕育了抱怨，抱怨又孵化了衰運。

面對不順，我們的心情難免有所起伏，但無論今天發生什麼事情，太陽明天還是會從東邊升起，明天又是新的一天，實在沒必要每日把情緒垃圾收在心裡，累積久了，不只身心受累，還會將你努力付出帶來的好運能量抵消殆盡。

如果一個人認為憑靠抱怨，情緒就會發洩，久而久之，他會發現，原本應該屬於他的幸福都會離他遠去。因為每一個人在生命中都有自己要修的課題，承擔的情緒，如果自己不願意面對，還要推諉環境、他人，終將受到命運的反撲，不懂珍惜，將是造就一生遺憾的最大主因。

只要詳加觀察你就會發現，那些最愛抱怨、愛亂倒情緒垃圾的人，人生走下坡的速度總是出乎意料。無論是突然就被公司開除，或是戀情突然宣告分手，奪走這些好運的不是別人，往往是自己的壞情緒。

把解決問題的責任推給別人，會讓人生開始走下坡

張世傑是某名校的碩士畢業生，最近剛到一家薪水待遇都十分優沃的廣告公司工作。因為他的執行策畫能力很強，又很有創意，於是深受主管的器重，打算試用期過後，就把他分發到最有戰鬥力的單位，一展長才。

不過，世傑雖然才能特出，但他有一個為人詬病的壞習慣：愛抱怨。和他共事過的同事，每天都會聽他碎念一些不愉快的瑣事，例如：因為塞車上班遲到了，或者因為小感冒、身體不適耽誤了一點工作，他就會渲染地好像老天爺每天都和他過不去，活像個悲劇的主角，老是無病呻吟。

原本這都是人之常情，主管也沒放在心上，起初同事們都認為他是太看重工作表現，還好心安慰他。但相處久了大家都發現，他的抱怨似乎是一種習慣性的毛病，而且抱怨的起因與對象都一再無限上綱。結果把自己搞得很煩躁之餘，同時也把身邊的同事搞得心煩意亂，紛紛避而遠之。

一直把這一切看在眼裡的主管，即使非常惜才，但為了公司的向心力，以致世傑還沒居滿試用期，就收到「未經錄用」的通牒。

愛抱怨的人通常都有一個很明顯的共通點：做事喜歡預設立場，常常覺得別人對不起他！

例如：有些人愛埋怨自己另一半收入不豐，所以自己只好每天工作的昏天暗地，還要承受工作和上司的壓力。問題是：如果你今天沒有結婚，難道就不用工作，不必承擔壓力了嗎？

從這裡我們可以找到一個「愛牽拖」的癥結點，那就是——我人生今日之所以會變成這樣，都是因為大環境不佳、時運不濟、娶或嫁不對人、出身不好……抱怨者之所以老是喜歡揪著一點小辮子就埋怨不休，完全是因為——這些問題跟我無關。換個立場，如果今天事情是因我而起，是我的過錯，就不可能如此大作文章，反而會躲起來暗自反省、彌補了。

這種把自己理應承擔的人生責任通通推給他者的作法，是最便利的一種，但如果你對自己的人生都不願意承擔、面對、改變，別人更不可能委以重任。這對長期在任何領域中埋頭苦幹，卻一直收不到實效的人，是最大的警鐘。因為影響你一生走向的關鍵，並不是因為你不夠努力，而是因為你的情緒拖垮了自己。

對此，法國作家阿蘭曾提出一個解決之道：「煩惱是一種精神上的近視，只要朝遠處看，我們的腳步就會更加堅定，內心也就更加坦然。」

如果你眼中的人生目標如此重要，說實在的，人生中其他的小是小非實在不足以日日掛念，拿來折損身心。

在科技業名列前茅的戴爾公司創辦人麥可．戴爾曾說：「停止抱怨，你就能在眾多的競爭者中脫穎而出。不要做一隻鴨子，而要做一隻雄鷹，因為鴨子只會『嘎嘎』抱怨，而雄鷹則在芸芸眾生中奮起高飛。」

我們不可能保證事事順心，但可以做到坦然面對，與其為煩惱而抱怨，不如提升人生的視野，把心力花在各種階段性的目標上，用思考解決之道取代無用的煩惱，你的人生就不會一再失焦。因為你只需要專注地看著今日的自己是否比過去的自己心智更茁壯、能力更優秀，其他的不過是過眼雲煙，不足掛齒。

你是否是一個愛抱怨的人？

每個人都有情緒起伏之時，問題是，我們該怎麼知道自己是不是抱持著「當賊的喊捉賊」的心態，去旁觀別人的是非，事實上自己更令人覺得抱怨成性呢？

這可從兩種角度去評估。

第一，如果你常常不可自抑地認為：「我又沒得罪他，為什麼他這麼對我？」很抱歉，你可能要調整一下自己凡事「理所當然」的心態，如果你把每個人、每件事都已在心中設定好一個應有的回饋，那麼人事、世事必定總是出乎你意料地差。

事實上，我們在命運中唯一能夠掌控的，就是自己的所作所為，你雖然身為宇宙的一份子，卻絕非宇宙的中心，別人更不可能在你掌控之中。

如果試著修正自己「別人理所當然應該如此對我」和「我理所當然該得到這些」的私心，打開你的心，你會發現隨著命運的變化起舞，會讓你更快樂，而非更憂慮。

第二，你可詢問身邊值得信任的友人，對你的正面以及負面的形容詞。（如果你只是單純詢問朋友：「你會不會覺得我很情緒化？」答案一定是否定的，畢竟沒有人敢激怒一個「很情緒化」的人。）

如果友人的回答中，不論正面或負面的描述，有談到任何關於「你很直接」（意謂著容易衝動不滿）、「感情豐富」（意謂著老是覺得別人對不起自己的用情之深）。自己就要有所警覺，在下意識是否犯了「讓抱怨脫口而出」的壞習慣。

美國密西根大學的心理學教授蘭迪，曾提出七種很有效的方法來幫助人們擺脫和消除壞情緒的困擾。

1. 想方設法找到消極情緒的根源。
2. 對事態加以重新估計，不要只看壞的一面，更要看到積極的一面。
3. 經常提醒自己，你曾在很多方面都小有成就。
4. 壞情緒來臨時，不妨自我犒勞一番。
5. 想一想今後如何避免出現類似的問題。
6. 想一想還有許多處境或成績不如自己的人。

7.將自己當前的處境和往昔做一對比，學會知足。

不論是解決性格上的弱點，或是人生中的問題，其實都只有一種最簡單的處方——自我反省。觀照自己的情緒特點，在自省中重新認識自我，找出某種情緒和心境的連結根源，就能客觀看待，逐步將自己的情緒調整到一個最佳頻率。當你心中的烏煙瘴氣越來越少，你很快就會發現，原來全宇宙都在幫助你走向目標，而你還在把時間花在和情緒搏鬥，多麼不值得。

如果你對自己的人生都不願意承擔、面對、改變，別人更不可能委以重任。

把自己看太重，就失去了飛翔的機會。

假如有一天，你不小心失足掉進一個洞裡，你會怎麼想？

1. 趕快看看洞裡有沒有可攀附之處，想辦法靠自己的力量往上爬。
2. 反正一定會有人經過的，我就留在這靜待時機，別耗費力氣。
3. 一定會有人注意我失蹤了，等到有人來找，我再呼救就好了。
4. 我真倒楣，這個地方鳥不生蛋的，我會不會被蛇咬阿？

這個洞就象徵著你遇到的人生危機，無論我們如何選擇，求生都是唯一的目標，但在同樣的目標下，把自己看得太重的後果往往是被更多人所忽視。

有些人之所以未能達成目標，並非因為他們最初沒有選擇自己想走的那條路，也不是不努力投入，而是把自己的成就看得太重，所以只要一受挫折就難以承受，最後又選擇回到那條較安穩的道路。

我們之所以追求自己想要的目標，除了後續的成果之外，最重要的是做這些事會讓我們感到人生很充實、很快樂。但如果倒果為因，把成就看得比快樂還要重要，當你把自己的價值丟給普世去衡量，而非自己肯定自我價值時，就容易偏離初衷，走上世俗的老路。

如果你能夠放棄看重一時的成就，把追求快樂、分享快樂作為人生的使命，生命自然而然會帶你走入更美妙的境地，問題是，你肯不肯放下？

天使能飛翔，是因為把自己看得很輕

某年夏天，就讀同一所醫學院的小池和另外三名同學到一家醫院實習，到職第一天，就得知試用期過後，四人只能取一名員額的規定。能夠在這家知名的醫院工作是她們共同的願望，於是一向和睦相處的她們不得不面對「有你沒我，有我沒你」的殘酷競爭。

一天，實習醫生們接到一件緊急個案，有位富豪的太太即將臨盆，醫院需要她們立即趕往孕婦的家中，協助她順利抵達醫院。於是一行人急急忙忙地上了救護車，此時，救護車上已有一名副院長、一名主任醫生、兩名護士，這麼多人同時去搶救一位孕婦，這樣龐大的陣勢讓她們倍感緊張。

等抵達孕婦家，了解她目前的身體狀況後，齊力把她上急救車後，卻發現一個問題，醫院派出的援手太多了，導致孕婦的家人無法隨車，但初次臨盆的孕婦又異常緊張，顯然很需要家人的陪同。

大家都下意識地看著正在幫孕婦做檢查的副院長如何裁決，沒有人希望錯過這個寶貴又難得的一課，此時，小池卻突然跳下車，讓孕婦的老公隨行，自己則是另招了輛計程車趕回醫院。

等小池上氣不接下氣地趕到醫院時，救護車已經抵達醫院逾半個小時了。

剛到醫院門口，小池就被副院長攔住詢問：「這麼難得的學習機會，為什麼你要下車呢？」

小池坦言：「報告副院長，當時車上的人實在太多了，如果有什麼需要，我也不會急救，反而礙手礙腳的。但如果沒有病人家屬隨行，送醫途中如果因此發生什麼事，院方會難辭其咎的。」

待試用期過後，小池被醫院正式雇用了。

副院長在向眾人宣布實習結果時，特別說明：「上次的急救任務是一次特別的測試，小池表現得很好，她知道什麼才是最重要的，並沒有因為要求表現而輕忽了更重要的事。大家要記住：天使能飛翔，是因為把自己看得很輕。」

看輕自己，並不是妄自菲薄，而是有自知之明，懂得取捨，並且處處尊重別人，如果一個人到每個環境都能保持初衷、虛心學習，並且把每一個緣分、際遇都當作自己最好的老師，才能吸收到無限的寶藏，未來發展自然無可限量。

把自己看得太重的人，往往是容易摔得最重的人

在人生中，把自己看得太重的人，往往是容易摔得最重的人。因為他把自尊和自利看的比什麼都還重要。

例如：在職場上，有些人會認為：我替公司拉了這麼多的業績，創造如此多的營收，公司理應給我更高的職位、更豐厚的薪資福利才是；有些財大氣粗的老闆會作如是想：反正我有能力又有財力，員工隨便找就一堆，流動率又那麼大，根本不用給他們太好的薪資福利。

前者因為把自己看得太重，如果公司的薪資福利始終沒調整，很容易就會心生不滿，最後拍拍屁股走人，卻沒考慮到，自己在這家公司該學的功課，是否都真的學透了？還是僅會一點業務技巧，眼睛就長在頭頂上，認為公司沒他不行。如果沒有自省評估就貿然離開，「老闆為何不看重我？」的問題還是沒解決，即使跳到別家公司依舊會繼續鑽牛角尖。

後者因為自己老闆的身分有恃無恐，卻忽略了「員工才是公司最重要的資

產」。如果心態如此，面對員工就會表現出「別囉嗦，我叫你做什麼就做什麼」的態度，長久如此，員工也會覺得得不到應有的尊重、感到公司方針反反覆覆而紛紛求去，一再培育新人的情況下，公司只能持續內耗，舉步不前。

就心理角度來看，會把自己看得太重的人，往往是屬於外表堅強，內心十分脆弱的人。因為深怕他人掌握自己的弱點，於是先把牛皮吹起來，或用一些外在的事物（例如：名位、財力）掩飾自己的弱勢，但這類人一旦備受打擊，就容易一蹶不振，甚至想法變得更極端，偏離了人生的道路，為了守護這些「自己能夠因此被看重」的事物，未能體會世間無價的真情與幸福，以致於一生孤寂。

就像前面談到的員工，如能認真檢討自己不被重用的緣由，先不論在職的公司升遷制度是否公平，自己只要努力付出、在專業領域持續精進，甚至還從專才變通才，公司有什麼理由不重用這樣的人呢？

在人生中，把自己看得太重的人，往往是容易摔得最重的人。因為他把自尊和自利看的比什麼都還重要。

而前例的老闆，如能思索員工為何流動率大的本質，在制定業績目標與薪資福利間的標準將會更透明、更公平，在做出攸關公司方向的重大決策前，也會考慮到既有員工的心理或相關配套措施，那麼誰不願意留在一位肯為員工如此用心的老闆身邊呢？

只要你了解自己是為何而來，為此將抵達哪裡，自己此生的價值，只有自己真正知道，又何必追求一時的或輕或重。

少說「因為……」，別讓藉口耽誤你一輩子。

在美國的西點軍校，有一個眾人皆知的悠久傳統：學員在遇到長官問話時，只能回答：「報告長官，是！」、「報告長官，不是！」、「報告長官，不知道」和「報告長官，沒有任何藉口」。除此之外，不能多回答一個贅字。

這就是西點軍校奉行的最重要行為準則——「沒有任何藉口」。這是希望每一位學員想盡一切辦法去完成任務，而不是為無法完成的任務尋找藉口。

這項準則的宗旨是在培養學員：面對工作沒有任何藉口，面對人生同樣沒有任何藉口！這項訓練讓西點軍校的學員擁有堅強的毅力，超強的執行力，以及把握每分每秒去完成任務的信心和信念。因此才能鍛鍊出諸如在二次大戰時美國領導跳島戰術成功、擊敗日軍的五星上將麥克．阿瑟將軍，以及指揮諾曼地登陸、贏得反攻大勝的艾森豪將軍。

畢竟面對瞬息萬變的戰局，唯有鍥而不捨的精神，才能學會承受壓力，適應壓力。

別讓藉口成為自己設下的心理陷阱，因為我們都清楚地知道任何藉口都是在企圖推卸自己的責任！而在責任和藉口之間如何選擇，則能考驗一個人面對人生和工作的態度。

如果你的人生沒有一絲藉口，夢想終將使命必達

在現實生活裡，在我們走向目標的路上，總是會遇到各式各樣的阻礙——可能是經濟資源不足、可能是準備不周、時機不對，這時你會選擇明知其不可為而為之，還是選擇為自己尋找逃避的藉口？如果你真的不知道該如何選擇，不妨先看看下面這個故事。

一九六八年阿克瓦力代表坦尚尼亞參加在墨西哥舉行的奧運，報名競賽的

項目是馬拉松賽跑。

剛開始不久，阿克瓦力就不小心跌了重重一跤，膝蓋和雙腳都受了嚴重的傷，到了晚上七點，大會宣告：衣索比亞的選手，贏得了比賽的冠軍！當所有人都為衣索比亞的選手歡呼，其他選手也陸續的回到了終點。

當運動場上只剩寥寥無幾的人時，大門口的警鐘響了起來，所有人都將注意力投往正奔向大門口的阿克瓦力，他腳上裹著沾滿血跡的繃帶，跛著腿迎向終點，在場的觀眾，全體起立，鼓掌希望他能順利的跑完最後一圈。

事後，有個記者去問阿克瓦力：「為什麼你的腳受到這麼大的傷，還要繼續跑完全程？」

阿克瓦力認真地回答：「我的國家從兩萬多千英哩外送我來這裡，不是要我在這場比賽中起跑，而是要我完成這場比賽！」

即使那屆奧運會的輝煌早已煙消雲散，我們已經不記得那些曾在那次奧運會上光彩熠熠的名字，但那個馬拉松選手的名字——阿克瓦力——卻因為他的精神永世流傳，傳承至今，成為一個激勵人們堅韌不拔邁向成功的典範。

沒有任何藉口，沒有任何抱怨，使命必達就是阿克瓦力唯一的行為準則。不輕談藉口、抱怨，的確是一種令人敬仰的人生態度。因為我們常常敗給自己的好勝心，所以常常試圖告訴自己或別人：「都是因為……所以我才做不到。」

這就是成功與失敗的一步之遙，成功的人會找方法，失敗的人總是在找藉口。如果明知如此不會讓你的人生有所轉變，你還要繼續找一堆藉口來說服自己為何做不到嗎？何不把爭論藉口的時間花在想方法，豈不更有益呢！

雖然藉口能暫時替自己帶來安慰，許多藉口聽起來也似乎有些道理，但就是因為藉口的合理，大家才學會了原諒自己，而不能深刻地吸取教訓，導致自己在激烈的競爭中漸漸落後，最後被無情地淘汰。看起來，你是在奮戰中被淘汰，實際上，你在心理上早就輸了。

如果，你總能為自己的所作所為找到最漂亮的藉口，那麼，你終將無法替自己的人生找到完美的出口。

為了讓自己摒棄舊習，每天早晨，在上班的途中或者吃早餐的時候，你可以提醒自己：「我知道人生的意義，我知道工作的意義，我的目標很明確，我要為自己的行為負責！」

你知道這是屬於你的人生，所有的決定與成敗完全取決於自己。

如果，你總能為自己的所作所為找到最漂亮的藉口，那麼，你終將無法替自己的人生找到完美的出口。

用「宇宙化的視野」來分解憂慮疑惑。

在二〇一二年底來臨前，各種關於末日的預言喧囂塵上，甚至近年來有許多電影、商品，都是搭著這股「末日商機」趁勢而起，屆臨二〇一二年十二月二十一日的「末日」，全球都在屏息以待，從各種曆法、學說推敲而來的末日意象，是否即將出現？結果什麼都沒發生，留給世人無限疑惑。

其實，在末日學說推出之時，即有一派深研瑪雅曆法的學究指出：二〇一二年意謂的是一個時代的結束，一個新紀元的開始。而這種結束並非言之鑿鑿的世界毀滅，指的是人類的心靈在即將進入一個新的階段前，必須和過往仍處於混沌不明的自己切割、告別、放下、捨棄，如此，才能在二〇一三年迎向新的自我，覺察內心真正需求，重零開始。

的確，二〇一二到二〇一三年間，許多幫助心靈自我提升的學說與書籍也大行其道，因為若不能捨棄舊的毀壞的自我，還想憑藉舊經驗倚老賣老、大行其道的人，將徹底地被新時代的顛覆潮流所淘汰。

面對宇宙秩序的更迭，你是選擇逃避，還是接受，就看自己的心是否具有靈性與彈性。

你的心念如此，世界便應運而生

進入二〇一三年，不論是因為跨過了末日預言，或是單純期待新年新氣象，都是一個自我調整的時刻。

如果過去的你總是覺得自己的生活一團糟，或是對這邊不滿意、那邊也不滿意，甚至對變化的未來產生憂慮，你應該回歸本我的初心。

你應該在意的不是別人的見解、境遇的不順遂（因為怨懟只會衍生更多問題），而應該覺察你的心是否一直被主觀所蒙蔽？

若不能捨棄舊的毀壞的自我，還想憑藉著舊經驗大行其道的人，將徹底地被新時代的顛覆潮流所淘汰。

平心靜氣地問自己：「為什麼我會有這種負面的感受？」、「為什麼我會遇到這個問題？」……越頻繁發生的問題，越要探詢內心，因為那代表了你心中有一道關卡一直跨不過！

因為你的心念如此，世界便應運而生。解決的實相就存在你心裡，就怕你不敢面對。要記住：負面的事情、情緒永遠無法用負面的方式、回應去解決。

你越遷怒他人，就越不可能找到化解之道，因為你把修正自己的責任丟給環境、人事、命運！我們無須冀求外界改變，只求自己拓寬心胸，從修行的哲學待人接物，想扭轉逆境，最中肯、實用的方法一直在你心裡。

系統化思考，幫你分憂解勞

記住：所有發生在你生命中的事物，都是為了幫助你走向人生的使命。當你又陷入不安時，可以用以下方式，幫助你分憂解勞、釐清憂慮。

❶付諸行動

如果你總是把目標和計畫放在心裡而不去執行，肯定會擔心到讓心生病的。雖然在行動前，我們要儘可能的準備周全，但若計畫拖垮了行動的意志力，這時，唯一消除的方法就是立即採取行動。因為只要向目標更接近一步，就能減輕你心中的負重。

❷當機立斷

當你在前往目標的途中遇到一些問題時，雖然不必馬上做出決定，但至少要開始搜集一些能幫助你做出正確決定的資訊。因為堆積懸而未決的事情會增加心的負擔，一旦資訊透明後，做出決定就能釋放壓力。

面對宇宙秩序的更迭，你是選擇逃避，還是接受，就看自己的心是否具有靈性與彈性。

❸整理思路

如果你常常覺得自己的腦子裡千頭萬緒，把它們寫下來可能會讓你輕鬆一點。趁著下筆時，依輕重緩急分類一下當前該著手去做的事，再依時序的推進，依序完成，按部就班，就不必手忙腳亂以致心緒更紊亂。

人生有很多憂慮是沒必要的，它蒙蔽了你的視野，拖延你迎接夢想的時間。透過以上方式，趕走不必要的煩惱，把焦點放在執行夢想的步驟上，用行動替自己的人生揭開嶄新的一頁！

常常說：「我等下再去做……」的結果，最後就是一事無成。

時刻提醒自己：「不要拖！」

魏晉南北朝時期的《顏氏家訓》中寫道：「天下事以難而廢者十之一，以惰而廢者十之九。」懶惰是一種看似無傷，實際卻削弱我們意志力的最大敵人，常常說：「我等下再去做……」的結果，最後就是一事無成。

因為我們一直以來都未曾重視懶惰的殺傷力，所以它反而成為阻礙夢想的最大殺手，即使我們知道在繁忙的日常生活中，應該多少撥些時間給自己的興趣，但便利科技的惡果——手機即時通訊軟體、今天下單明天到貨的網路購物，處處都充滿著轉移我們注意力的危機，所以每天應該分配給夢想的時間，就這樣一分一秒的流失在怠惰的閒情逸致中。

為何麼你這麼懶，習慣拖延？

要和這個經年累月的陋習奮戰，首先，我們要先了解它的成因：

❶ 業精於勤荒於嬉

產生懶惰的第一個原因就是我們常常試圖逃避困難的事，怕挑戰，怕突破，怕冒險，積習成性。一旦人習慣躲避艱辛的工作，就會形成惰性，總是想便宜行事，先做完簡單的事，最難的事放在最後再做。問題是，最難的事情往往需要花費最多的時間去處理，如果事情又迫在眉梢，就只能開天窗了。

❷ 對時間的錯誤估計

許多人對做各種事情的時間，都只有一個「大致模糊的概念」，並且用這樣不確定的概念去分配時間，最後當然難以順利達成。

最恐怖的是，有許多人覺得有些事即使今天有時間也想放到明日再做，問

題是明日何其多，如果明天有一個重責大任掉到你頭上，你就焦頭爛額了。

❸腦子像漿糊一團糟

如果我們覺得一件事情很困難，往往是因為目標不明確，缺乏應有的計劃性和條理性，不知道該先做什麼、後做什麼。結果，每件事情都沒有做好，還造成了心理上的疲憊。於是，就乾脆什麼事情也不做了，任憑時間流逝。

如果你常常陷入以上這種「對人生擺爛」的心態，應該要警示自己：「不要拖了，要做就趕快去做！」因為時間通常不會對我們如此仁慈，一旦你被時間之神發現你陋習難改，往往會有因拖延導致層出不窮的麻煩等著你，原本想讓自己游刃有餘的做事，最後卻搞得自己勞心勞力成效不彰，所以，拖延絕對是一個人走向夢想的「必要消滅之惡」！

如果你是一位藝術家，絕對不可能讓任何好的作畫欲望從腦海中溜走，因

一旦被時間之神發現你陋習難改，往往會有因拖延導致曾出不窮的麻煩等著你去處理。

為一旦遺忘了，就失去了完成一幅傑作的機會。我們對於自己想要達成的目標也應該抱持著這種態度——事不宜遲，馬上去做！

克服拖延心魔大絕招，每天都從心開始

這裡有一些建議能幫你克服拖延，讓每天都有一個新的開始。

❶放下今天的工作之前，為第二天做好準備

在下班之前或睡覺之前，列出你明天要做的每件事情，這樣明天一早就可按表操課，不會還在浪費時間思考：我今天該做什麼才好……？

❷在分配工作時間時，中間要安排足夠的休息時間

我們無法在自己安排的時間內完成，最大的問題是我們忽略了「休息時間」。雖然我們實在很希望自己像機器人一般，能夠不眠不休地作業，但事實

證明，如果工作一段時間，沒有適度休息，工作效率馬上會降低，所以把休息時間一起安排進去，最符合人性需求的安排，才最有可能達成任務。

❸把時間定在你要起床的時間，鈴一響就起床

如果睡過頭，原本設定的節奏被自己打亂，一天的開始自然是手忙腳亂。所以不要貪睡，鬧鐘一響就馬上起床，想休息的話，等今天的事情大功告成後，就可以早早入眠，而且睡飽才能思慮清晰地應付一天的工作進度。

❹堅持每天運動三十分鐘

你老是拖延的原因是由於提不起勁嗎？別擔心，每天抽三十分鐘運動，從第一天開始，你就能迎接神采奕奕的自己，有好體力就不容易疲累，面對工作，自然比以前更專心、更高效率。

如果你是一位藝術家，絕對不可能讓任何好的作畫欲望從腦海中溜走，因為一旦遺忘了，就失去了完成一幅傑作的機會。

❺ 以最喜歡的方式開始工作

有些人發現，一覺醒來特別疲乏，需要慢慢地適應新的一天；有些人覺得每天清晨，一杯咖啡就是啓動一天能量來源的關鍵。找到適合你自己的啓動「ON WORK」方式，一點小小疼愛自己的方法，只要一喝完咖啡，就能聚精會神地進入工作。

❻ 及早準備

我們有時候拖延是因為不知該從何做起。所以，在一天的工作開始之前，提早到辦公室，準備一下今天手邊會用到的資料、檔案，全部放在能見度高的地方。當你要開始執行時，相關的資訊就在手邊會幫助你更快進入狀況。

❼ 計畫好每一天，然後按計劃行事

養成每天照著計劃行事的習慣，即使你一天不得不幾次違反自己的計畫，

也比總是困惑接下來要做什麼要強得多。長期下來，你會非常驚訝自己竟然完成了這麼多事！

我們之所以累積工作成就，是因為自己有一定的目標，如果我們也能將相對的精神放在人生夢想上，再砍掉拖延的毛病，你會發現自己每天其實也能面面俱到兼顧現實與夢想，就算完成的時間不如預期，沒關係！至少你已經開始起步了，許多人到現在連自己的夢想都被拖到遺忘了！

不虛榮，面子無法帶來實質幸福。

現代的消費習慣下，誤讓許多人以為財富就等同於成功和幸福。所以即使在畢業之初，許多人都曾經懷抱著遠大的理想與抱負，但一進入社會的大染缸之後，就在耳濡目染下被追名逐利的生活吞噬，關於夢想爾爾也只有在夜深人靜之時才會偶然想起，但自己卻忘了追求目標的初心，於是精神無法抒發的情況下，導致現代人的成就越大，壓力反而越大。

在這種背景下，消費的目的不再是因應需要，而是為了炫耀自己或是證明自己，使得個人的外在與內在完全背道而馳，致使自己心力交瘁。

為什麼物欲這麼輕易地就吞噬了我們無價的夢想？這或許是仿效已開發國家的消費習慣使然，但最大的緣由還是我們自己抵不過一時虛榮的誘惑。

例如：今天看到鄰座的女同事買了一隻名貴的手錶，等發薪日到了，你也想好好地犒賞自己一個月的辛勞，咬牙刷卡為自己買一個早就想入手的名牌包……別人的每一次消費，都觸動了你的神經。

三番兩次之下，儘管你滿足了自己一時的欲求，但很快地又會開始追求別的「夢幻逸品」，即使自己的衣服與包包都塞爆了整個衣櫃（甚至還塞爆了整個衣帽間），但你卻一點幸福的感覺也沒有，反而覺得別人的東西比較好。

其實，如果你認真思考，就會發現自己買的東西未必一生用得盡，那麼一再購物之於人生的意義為何？是滿足了你的夢想，或反而吃掉了你可撥給夢想帳戶的資源呢？

人的一生尤其短暫，如果無法捨棄心中的虛榮試著真實過活，那麼真正屬於自己的幸福和快樂也進不了你的心理，甚至你還會逐漸失去對幸福的知覺，讓自己獨特的人生被俗世的價值觀所取代，或許很安逸，但是，這真的是你想要的人生嗎？

要辨識自己當前的成就是否符合心中所想的方式非常簡單。看看那些在某些領域確實達成理想目標的人，即使已經實現了夢想，他們還是一如既往地保持平常心，按照自己的生活步調過活，不會因為他人的吹捧而迷失在一時的名利迷霧之中。

但有些人擁有急功好利的心理，一旦他們取得成功之後，便會特別在朋友和親戚面前，迫切地炫耀自己的財富和成功。問題是，如果一個人的內心是滿足的，何須一再向外界證明？這無疑是自相矛盾，實際上，再多的金山銀山，都掩蓋不了一個人的心，是滿足自適，或是匱乏空虛。

而現在的你是屬於前者，還是後者呢？

表相的自尊無法取代內在的尊嚴

眾所皆知的，亨利．福特是福特汽車公司的創辦人，截至二〇一一年底，福特汽車的年營收將近一百三十六億美元，但福特先生並沒有因為資產收入的

大幅提升，而改變他的行事作風。

有一次，亨利．福特到英國出差時，在機場諮詢處向服務人員詢問當地最便宜的旅館在哪裡？服務人員一眼就認出他，心想：「這不就是前天刊登在報紙上的福特總裁——亨利．福特先生嗎？」

不過，眼前的這位先生完全沒有超級富豪的闊氣，說話非常和藹可親，衣著甚至有些舊式。

服務人員再熱心詢問：「如果我沒搞錯的話，您就是亨利．福特先生，是嗎？我看過您的照片，留下了深刻的印象。」

福特靦腆地說：「是的。我就是福特。」

服務人員疑惑不解地對他說：「不過您行事作風如此簡樸，讓我一時無法意會過來。您穿了一件看起來有點舊的外套，而且您還要訂最便宜的旅館。問題是您的兒子來這裡時，恰巧也是我接待的，他總是預定最好的旅館，身上穿的衣服也是最名貴的。」

亨利．福特回答：「是啊！我兒子愛出風頭，他還沒體會到生活的真諦。對我來說，即便住在最便宜的旅館裡，也改變不了我是亨利．福特的事實。這件有點舊的外套是我父親留給我的，對我而言，這比一件名貴外套還無價。」

說穿了，面子不過是一種表面的尊嚴，會過分維護這種尊嚴的人，內心往往不堪一擊。

最近在亞洲流行著所謂「富二代」的說法，身為企業家的第二代，有些富二代總是比父母更在意服裝品味是否符合時尚潮流、更喜歡出席公關宴會，深怕別人不認識自己的出身。但越是如此，反而越突顯了自身明白這一生的能力與成就無法超越父母的遺憾，雖然生在一個富裕的家庭，卻還是喪失了自己，如果未能利用天生的優勢結合興趣好好發揮，那麼與一般人有何異？

我們必須了解，外在的社會地位、名利名氣、表相尊嚴並不能帶給自己真實的快樂。虛榮和幸福相比，只不過是一抹浮雲，千萬不要為此迷惑一生，如果你曾深陷其中，現在清醒還來得及。打破表相的迷思，去成就那個不必多加裝飾就能顯現出強大光芒的內在自我。

如果你覺得不幸福，儘管你在別人眼裡風光無限，你也不會有絲毫的快樂。每個人的活法不同，幸福也就不同，關鍵是你是否真的明白了，自己苦苦追求的究竟是什麼？什麼樣的生活才是你最想要的？如果一個人總是不計代價盲目攀比，追求虛華，他永遠也不會得到真摯的快樂。

貪婪會讓一個人忘了他原本的樣子

老子所著《道德經》中的第四十六章〈儉欲〉中曾提到：「罪莫大於可欲，禍莫大於不知足；咎莫大於欲得。故知足之足，常足。」

這句話的意思是說：一個人的罪惡沒有比放縱欲望更大的了，一個人的禍患沒有比不知滿足更大的了；一個人的過失沒有比貪得無厭更大的了。由此提

說穿了，面子不過是一種表面的尊嚴，會過分維護這種尊嚴的人，內心往往不堪一擊。

醒世人，無限貪婪只會為自己招致災禍，並無法帶來一生的榮華富貴。

而人的貪婪之心之所以招致禍患，是因為會影響一個人的「正念」，因為貪得無厭，我們會想將原本屬於別人的擁有物占為己有，甚至在國與國之間，為了爭取資源，不惜為此發動戰爭、強取豪奪，這都是貪婪衍生的問題。

特別是在這樣一個以消費為取向的年代，我們要特別注意自己的欲望是否有過度擴張的時候？因為我們很容易就會以為滿足了外在的需求，就能同時滿足內在，事實卻是大相逕庭！過度追求物質欲望，太在意人與人之間的私利，這都會限制一個人的發展，讓他原有的人生格局越走越窄。

其實一個人生活品質的好壞，不在於他擁有多少金錢，而在於他持有什麼樣的心態。這就是為什麼有些人雖家財萬貫，卻整天愁眉苦臉；另外一些滿足於溫飽的人，卻能生活得很快樂。

誰都有過對財富的奢望，但是我們要提醒自己，我們所做的一切努力，都是為了成就內在的自己，甚至進而將這樣幸福的成就與身邊的人分享，這才是人生真正的終極目標。

你不妨每天抽出一小段時間，在夜深人靜時，想一想自己當前擁有的幸福與機會，學會反思，學會知足，快樂的人生根本不假外求，當你的心自在了，生命就能自由翱翔，展翅高飛。

心引力

要提醒自己：我們所做的一切努力，都是為了成就內在的自己，進而將成就與身邊的人分享，這才是人生真正的終極目標。

星引力法則

十二星座的圓夢關鍵

白羊座

ARIES

3/21~4/19

白羊座的腦子裡無時無刻都充滿著許多新計畫，有時甚至會為了衝向理想目標，而讓自己處於極度忙碌的狀態。雖然因為如此的投入，在事業層面如你所願，卻忽略其他領域的經營，會讓你回過頭來，感到好像人生虛度光陰。其實只要你稍微調整生活步調，就會發現身旁有許多更值得經營、珍惜的領域。

金牛座

TAURUS

4/20~5/20

金牛座總認為只要勤於工作，收入穩定，才能達成人生其他的夢想，所以只要有加班費，或是公司有分配股利，即使需要再多時間也願意投入。或許你很會做事，但不見得懂得人生的道理，常常疏忽了另一半心中的感受，或是家庭的溫暖。只要為生活增加一點溫情的體貼，有了真情做後盾，你的人生會更圓滿。

雙子座

GEMINI

5/21~6/19

雙子座能言善道的形象深植人心，但要如何建立一個專業的形象，反而成為他們人生的課題，這也是雙子座能否真正走向人生巔峰的關鍵。所以，與其要求自己樣樣精，不如把重心放在其中一個領域，在投入的過程中修練耐心和實力，學習更深層的道理，認真經營人際關係，專注的結果就能培養出真正專業的你。

巨蟹座

CANCER

6/20~7/22

巨蟹座因為極端敏感的個性，有時會因此造成誤會、得罪他人還不自知。只要他們能學著不要「拒人於千里之外」，當與他人發生爭端時，應該要有溝通的誠意。就算自己所提出的計畫構想沒有獲得他人的支持，也不要一直放在心上。放開胸襟就能讓才華有機會扶搖直上。

獅子座

LEO

7/23~8/22

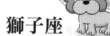

獅子座想當領導者的雄心是眾人皆知的，但如果時機還未到，就展現出不可一世的態度，反而會引來負評，折損了自己。雖然表現欲強的獅子座的確具有專業的權威，各方面能力也的確頗受好評，如果能收斂傲氣，沉潛努力，儘量展現出氣度與涵養，在公眾領域先求做人成功，對你的事業更有明顯助益。

處女座

VERGO

8/23~9/22

在缺乏永續經營的概念之下，太精明的處女座難免會顧此失彼。如果希望讓事業有所起色，處女座就必須要下定決心，一見先機就趕快行動，才能夠掌握住每個稍縱即逝的機會。而且，處女座要知道默默付出有時並不會獲得對等的回應，不論在事業或情感層面，直接一點反而更讓對方知道該如何合作得宜。

星引力法則

十二星座的圓夢關鍵

天秤座

LIBRA
9/23~10/22

天秤座常常希望獲得眾人的認同，而把自己變成別人期望看到的你。其實你嘴裡說的有時和心裡想的明明是兩回事，但為了表面的和樂，你寧願選擇把自己的意見吞下去。雖然因為八面玲瓏的交際能力確實讓不少貴人、長輩都願意主動提拔你，但如果能坦承主見，會讓人情經營得可長可久更受益無窮。

天蠍座

SCORPIO
10/23~11/21

懂得深謀遠慮的天蠍座，無論是在事業或是愛情上，往往能從「戰役」中達到你設定的目的，但在執行計畫的過程中卻往往忽略了參與者的感受，踐踏別人的尊嚴，最後得了利益卻失去人心而不自知。如果你能對待別人像你自己一般愛惜、尊重，就算沒有威脅利誘，你的才能也足以讓眾人跟隨你。

射手座

SAGITTARIUS
11/22~12/21

射手座無法在一個固定的職位做太久，辭職跳槽對射手座而言，是追求自我理想的必要過程。但如果沒有實質的經濟能力做後盾，也會讓射手座像一支缺了弓的箭，根本無法抵達彼方的理想。所以射手座如果想飛得又高又遠，就要多存一點錢，能夠兼顧夢想和現實的人生，才能完成理想的生活目標。

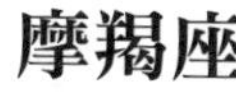

摩羯座

雖然摩羯座一向以追求成效為優先，但有時為了維護權威，即使決策失誤，也不願意承認自己的錯誤。一旦讓自己「難溝通」的形象浮出檯面，再加上位高權重的氣勢，反而會讓其他無法容於你的聲音潛伏到檯面下，讓工作成效走下坡還覺得摸不著頭緒。事實上，只要你本著謙卑的心，工作運勢會好得出乎意料。

CAPRICORN

12/22~1/19

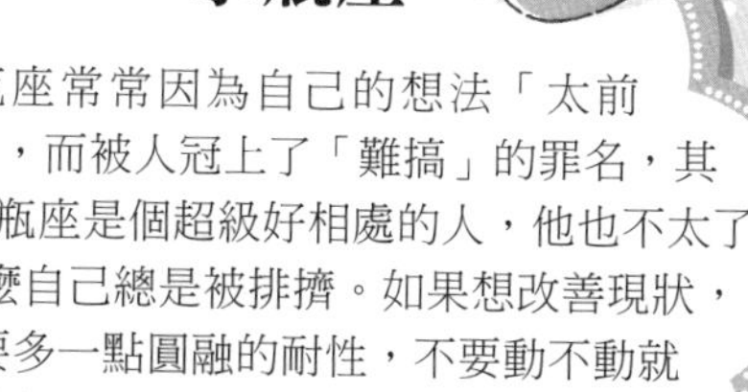

水瓶座

水瓶座常常因為自己的想法「太前衛」，而被人冠上了「難搞」的罪名，其實水瓶座是個超級好相處的人，他也不太了解為什麼自己總是被排擠。如果想改善現狀，水瓶座要多一點圓融的耐性，不要動不動就擺出「你這樣做很蠢」的質疑，用自己的天賦異稟幫助整個團隊成功，這才是你的功成名就之時。

AQUARIUS

1/20~2/18

雙魚座

雙魚座是富有同情心沒錯，但偶爾也要試著「同情」一下自己，想想看工作中的你，是不是常常因為太過濫情而讓自己受了一些委屈？如果你覺得別人總是取笑你，或是踩著你的肩膀往上爬，你就要適時提出反擊，別人才不會一直欺負你！學習表達自己的想法，才是讓你想法付諸實現的不二法門，別光想，快去做！

PISCES

2/19~3/20

「一個心中有目標的平凡員工，會成為創造歷史的人；
一個心中沒有目標的人，只能是個平凡的員工。」

~貿易鉅子　J.C.賓尼

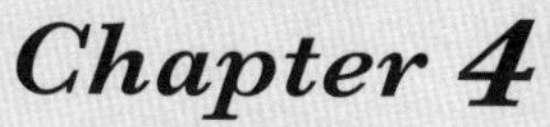

坦誠做自己，
你真正想要的生活是什麼？

走自己要走的路，不要把人生交給別人。

曾在書中看到作者寫道：「你並非自己所認為的那種人，但是，只要你想成為怎樣的人，你就會成為怎樣的人。」

這是在告訴我們，只要你願意下定決心，你完全可以改變現狀，過你想要的生活，走你想走的路。

如果你覺得自己正被現狀關在一個精神牢籠之中，那麼唯一可以幫助自己脫困的方式就是找到實現自我價值的有效途徑，並且事不宜遲，著手去做，當你感受的到自己努力的意義，才能從中脫困，藉著自我實現找到新的生活。

別盲從，你的想法最好與眾不同

我常常遇到很多大學生和我抱怨，在大學裡沒學到什麼東西，於是紛紛把

生活的重心轉往打工、社團、交誼活動。問題是，真的是這樣嗎？還是因為同學都這樣做，所以你也覺得這樣做也無妨呢？

或許課堂上的知識，因為無法實際應用而覺得太過理論，但這些高深的理論背後，其實是幫助我們提升看問題的高度、思考問題的方法。如果我們不懂得用心體悟，就會自陷情緒泥淖，反而錯過應該吸收的精華。

不論你處在人生何種階段，都可以重新選擇自己的人生，只要你用心去看世界，總能從僵化的現況中發現一些特別之處，然後慢慢地將這些體會累積起來，這就是你人生獨特的養分。因為擁有這些體悟，讓你知道自己想要成為一個什麼樣的人，想到哪裡施展抱負？等到離開校園生活之後，即將進入的並非現實的槍林彈雨，而是一個可供自己將興趣變為職志的新世界。

別再用眾人的觀點去檢視自己的人生，發自內心地去尋找最能令你快樂、感動的事物，你就找到了夢想人生的路口。

可以照出五年後自己形象的「三面鏡子」

如果你對未來自己想過的生活，仍感到非常抽象，你可以用三面鏡子來檢視五年後的自己，隨心所欲地找出夢想藍圖，確立近期的目標。

❶用「過去」的鏡子檢視自己

過去五年內，做什麼事時的自己最快樂、最自在，即使需要耗費時間心神，你仍願意義無反顧的投入。這就是你最想做的的事情。

❷用「現在」的鏡子檢視自己

如果你明知自己喜歡的事物是什麼，為何現在卻離夢想如此遙遠？找出那些絆住你的成因與夢想的有力連結，讓夢想的力量幫你解決難題，跨越阻礙。這可以幫你找出阻礙，根除問題。

❸用「未來」的鏡子檢視自己

未來五年後，你最希望看到自己在做什麼？這就是你要努力的目標。

如果用過去、現在、未來三面鏡子來照看自己，我們很容易就會看清楚自己的優勢與劣勢，也很容易找到自己的奮鬥目標。

永遠都不要輕易忘記，人生的選擇權一直掌握在你的手裡，只有你自己能決定要過什麼樣的一生，也只有你能幫助自己圓滿達成。

人生的選擇權一直掌握在你的手裡，只有你自己能決定要過什麼樣的一生。

在頭腦中植入信念，不要替自己留退路。

有時候，你常常會對人生很失望，覺得自己怎麼努力都沒有用，但是一旦你真正心懷強烈的渴望去做某件事，自己會很明確地知道這次努力決不會白費。因為只有面對自己真正想要的東西，你才會傾注巨大的熱情和毅力，不惜一切代價得到它。

我們每個人都有自己所嚮往的生活，所想做的事，如果你能堅持自己心中強烈的渴望和絕不回頭的努力，就能掙脫自身的束縛，釋放出最大的潛能，目標也會在這樣的嚮往和堅持中翩然而至。

替潛意識下一道不容質疑的命令

俄國現實主義畫家列賓曾經說過：「沒有原則的人是無用的人，沒有信念

的人是空虛的廢物。」如果你堅信一件事情，就等於是替潛意識下了一道不容置疑的命令，心擁有多強的信念就決定你擁有多大的執行力。

就像剛入伍的年輕軍人，因為必須遵從軍令，所以即使面對地震、颱風、山崩……再大的自然災害，依然無法撲滅軍人救災的決心，也定能完成任務。

但離開了軍中生活之後，許多年輕人面對現實卻覺得茫然無所從，甚至不知道自己人生下一步該往哪走。這時，你只要為自己的目標下一道軍令，告訴自己：就算眼前出現再大的阻礙都不容質疑、不容放棄，因為拯救自己的人生不會比拯救他人的生命更無足輕重，如同艱難的救災工作一般，只要你排除萬難，一定能達成目標。現在就為自己下第一道指令！

信念能夠幫你找到希望的出口

有幾名礦工在工作時遇到了坍方，於是大家都被困在一個黑暗狹窄的空間裡，他們只能透過岩石縫隙呼吸到微薄的空氣，手邊只有微弱的幾盞燈，腳下還踩著一些地下水。

雖然營救工作非常努力地進行，但是困在裡面的人們都沒抱多大的希望，因為礦井下的情況確實不容樂觀，大多數人都抱著必死的心。

當時間一分一秒過去，有人提議，每隔一段時間報一次時，讓大家休息十分鐘，以儲備體力。隨著報時的聲音越來越微弱，搜救小組終於到達現場，大多數人都奇蹟般地活了下來，只有一個人死了，就是那個報時的礦工。

這個報時的礦工為了讓同伴們保留活下去的信念，他刻意「虛報」。將三十分鐘說成十分鐘，一個小時過去，他只說過了三十分鐘……結果其他人都在信念的支撐下存活，但報時的礦工卻因為看清救援時間的延宕而絕望地死了。

信念的力量在於即使身處逆境，也能幫你找到希望的出口；在於即使遭遇不幸，也能幫助你鼓起生活的勇氣。

在人生的旅途中，不可能總是一帆風順，也許有的人先天不足或後天病殘，但他卻創造出常人難以創造的奇蹟，靠的就是信念。對一個有志的人來說，信念就是希望的源泉。

替自己植入一個積極的信念，義無反顧地去執行，透過「不斷地灌輸」與「不斷地反證」替心堅定方向，你也能看見自己親手創造的人生奇蹟！

拯救自己的人生不會比拯救他人的生命更無足輕重，現在就為自己下第一道指令！

不要猶豫，而要全心全意投入。

花兒之所以嬌豔，那是因為它們心無旁騖只為一次花季的綻放；候鳥之所以可以生存，那是因為它們只向著溫暖的地方飛翔……可見，在通往夢想的道路上，只有心無旁騖地專注於自己的目標，才有可能一步一步接近成功。

日本有一家生產哨子的工廠，建廠之初只有六個人，勉強慘澹經營。後來隨著規模的擴大，生意越做越好，他們生產的哨子也在當地小有名氣。

之後，甚至有別的製造商想借助它們的名氣來共同研發其他的產品，可是他們都一一拒絕了這些合作的機會，仍然只專注於哨子的生產，還特別聘請幾位專家顧問針對自家的哨子進行改良。結果，某次因緣際會之下，他們的哨子被世界盃足球賽的評審團採用，並且一直沿用至今。

因為只做哨子，這家企業才能夠在這個領域遙遙領先。這也恰恰驗證了，

凡事只要專注投入，才能成就非凡。他們的努力專一，不只讓自己名利雙收，更重要的是，透過對夢想持續地關注、從未轉移和不輕言放棄，終於讓自己的夢想成真。成就一家事業如此，成就一個人的夢想也唯有此道。

把夢想當成一個井，人生的泉源需要不斷挖掘

英國著名物理學家史蒂芬·霍金在其六十五歲生日時，接受了媒體的採訪，宣稱自己的夢想就是進行一次太空旅行。

霍金今日的成就是人類科學史上的一個奇蹟，他的母親曾說：「如果他沒生病，他可能無法如此專注於一個領域，因為一個健康者的興趣是如此廣泛。」

現實生活中，我們常常抱持著「這山望著那山高」的心態，今天想做這個，就投入了些許時間心力；如果改天又想做別的，又轉身投入別的領域，面對工作如此，面對人生更是如此，最終什麼也沒學成，做什麼也不專業。無論

如果你的心中有夢、有目標，就把它當作一個井，只有持續地挖掘，你才有機會看到水源。

在學習或工作上，淺嘗輒止，到頭來也是一無所獲。

如果你的心中有夢、有目標，就把它當作一個井，只有持續地挖掘，你才有機會看到水源。無論你是否曾經放棄過、轉移過自己心中的夢，只要找好目標，下定決心持續地投入十年，你一定能成為該領域的專家。人生能有幾個十年？如果夢想的果實只要努力累積就能實現，你還在等什麼？

堅持到底，就能把幻想變成現實

如果你覺得自己總是有三天捕魚、兩天曬網的陋習，不妨試試下面提供的練習。

每天早晨起床前和晚上睡覺前，認真、寫實地想像自己堅持到底最終獲得成功的情景。記住，想像的情景要詳盡：你身邊圍繞著那些人？你是因什麼而喜悅？你身處什麼環境？別人如何稱讚你？最後，告訴自己，為了抵達那一天，你要全心全意地完成現實中的任務，不論再大的風險與困難，你都能跨

越。

樂聖貝多芬曾說過：「涓滴之水終可以磨損大石，不是由於它力量強大，而是由於晝夜不舍的滴墜。」一個人的恆心具有不可估量的力量，它能讓夢想人生徹底翻轉成現實人生，你不必再跟隨任何人的步伐，只要你確立自己唯一想要的目標，專屬你的美好人生，就在等著你的加入。

只要找好目標，下定決心持續地投入十年，你一定能成為該領域的專家。

目標戰略化，務實打造一個最好的自己。

在現實中，我們做事之所以會半途而廢，其原因往往不是我們確立的目標太大，實現的難度太大，而是我們一直覺得目標距離自己好遙遠。

這時，我們就要試著把自己的遠大目標分解成小目標，然後把一個個小目標在特定的時間內完成，這樣大目標就能逐步實現了。

況且，將目標分化成細項對於打擊倦怠有兩個好處：

其一，因為你現在著手進行的細項工作，都與你的夢想環環相扣，因此能時時激勵自己：我現在正在前往夢想的道路上，讓心更堅定。

再者，我們都清楚地了解，必須經歷現實的考驗後，才能走向自己想要的生活。而較小的目標比較容易和現實生活達成平衡，也會讓它實現的機率更高，你就不會一直覺得所謂的理想遙不可及。

只要你願意馬上去做，一定可以找出幾項現在生活與實踐夢想間的調節方式，只要有心定能落實。

迎向夢想終站，就從累積「小目標」的成就感開始

一九八四年，一位名不見經傳的日本選手出人意料地奪得了東京國際馬拉松邀請賽的冠軍。

當記者追問日本選手為何能取得這麼驚人的成績時，他回答：「憑智慧戰勝對手。」

兩年後，他又在米蘭奪得了馬拉松的冠軍。他就是日本著名的馬拉松選手山田本一。當記者再次問他取勝的原因時，山田又回答同樣的答案。

在一般人的認知下，馬拉松是體力和耐力的運動，只要有超強的身體素質又有耐力，就有可能奪得冠軍。但山田卻說他是靠智慧戰勝對手，讓人覺得他

將大目標分解為多個易於達到的小目標，每達成一個小目標，都會使自己感受到「目標一再達成」的感覺。

在故弄玄虛。

後來，有家媒體鍥而不捨地追蹤山田準備比賽的方式，才揭開了這個謎樣的答案。原來每次比賽前，山田本一都會先開車沿著比賽的路線尋找一些醒目的標誌，並且一一寫下來。例如：第一百公尺處會到銀行，兩百公尺處會到紅色房子，三百公尺處會遇到一棵大樹……一直詳實記錄到終點為止。

比賽時，山田本一就以百米衝刺的速度跑完第一段，然後再以同樣的速度向下一個目標衝刺。於是，如果把全程十公里的路分成若干小目標，就能盡可能地用最快速度跑完。

若他總把目標鎖定在彩旗飄揚的終點，那麼還沒跑到一半，他可能就會被後面遙遠的路程嚇倒，被自己的信心擊退。

但他將大目標分解為多個易於達到的小目標，每前進一步，達到一個小目標後，都會使他感受到「目標一再達成」的感覺，而這種「感覺」將持續強化他的自信心，推動他去達到下一個目標。

在人生的旅途中，我們也可以學習山田本一的智慧，當你把自己的目標分解並且列出優先順序後，下一步就是要制定出具體的完成期限。

這樣的規劃方式，會讓看似遠在天邊的夢想，看起來近在眼前。因為透過每天逐步的實踐，就能事半功倍地達成，更讓目標有了信心與實績做後盾。

夢想不抽象，只要把目標具象化

古希臘哲學大師亞里斯多德說過：「首先，要有一個明確可行的構想；其次，用任何可行的方式，諸如智慧、金錢、物質等方法來達成目標；第三，調整所用的一切方法，以達到成功。」

現實中，有很多人每天辛辛苦苦地工作，從不偷懶，卻只能養家糊口。相比之下，另一些人卻取得了讓他們難以企及的成就，過著比他們更優沃的生活。在實現夢想與庸碌生活之間，唯一的差別其實只有一個啓動夢想的開

在實現夢想與庸碌生活之間，唯一的差別其實只有一個啟動的開關——明確的目標。

關——明確的目標。

也就是說，如果你一直把成為千萬富翁當成人生的目標，那麼你應該把擁有一棟「千萬豪宅」當成目標。因為一個人的潛能必須用明確的目標來開啓，才能激發所向披靡的力量。

美國耶魯大學曾對當年畢業的學生進行了一次有關人生目標的調查。他們調查的第一個問題是：「你有沒有人生目標？」結果只有百分之十的學生認為他們有自己的目標。

然後，調查人員又問學生是否可以把他們的目標寫下來。這時，只有百分之三的學生寫下自己未來想做的事。

二十年後，耶魯大學的調查人員持續追蹤這些當年參與專案研究的學生。他們發現，當年把自己的人生目標寫下來的那些學生所取得的成就，遠遠超過那些寫不出人生目標的人；而那百分之三能清楚寫下人生目標者的資產總額，居然超過了剩下百分之九十七找不到自己人生目標學生的資產總額。

正如貿易鉅子J.C.賓尼所說：「一個心中有目標的普通職員，會成為創造歷史的人；一個心中沒有目標的人，只能是個平凡的職員。」

此外，別忘了在達到目標前，要提醒自己：你成為什麼樣的人，比你得到什麼東西更重要。才不會因目標偏離了人生的真諦——成為一個更好的你！

心引力

貿易鉅子J.C.賓尼曾說：「一個心中有目標的普通職員，會成為創造歷史的人；一個心中沒有目標的人，只能是個平凡的職員。」

用與生俱來的能量，積聚全宇宙的潛能來幫助你。

A先生早上起床的時候，想到處理不完的公事，他感到心情有些煩躁，這時，他的心就如同向宇宙發出了消極的訊號，而宇宙也會如此回應。於是，他當天上班就錯過公車，或者會遇到堵車而遲到，因此覺得自己更倒楣了。

另外，一位房地產業務員B先生近日因為售出幾間預售屋而興高采烈，這時，他就如同向宇宙發出了一種積極的訊號。在這不久之後，他帶著滿臉笑容帶著一個來看豪宅的貴婦去看預售的建案，沒想到又成功了，他覺得最近的生活實在只能用心想事成來形容。

以上兩種情況，是每天都有可能會發生在我們生活中的片段情節，有時候你可能是A先生，有時候也可能是B先生，無論如何，如果你用心體會，就可以發現，宇宙間存在著一條強大的共振法則——我們的一念之間，都會影響到

人生接下來的轉變。這就是所謂的《吸引力法則》。

應用吸引力法則，讓心中的能量與宇宙相呼應

你是否接觸過當代那些傑出的成功人士？如果你曾經接觸過，你會覺得他們身上有種神秘的力量，一直吸引著你，讓你無法抗拒，讓你不由自主地認可他們的計畫和主張。這就是他們的吸引力。

如果你願意，你也可以擁有同樣的吸引力，你也可以吸引志同道合的人為了你們共同的目標而努力奮鬥、相互合作。不過，吸引力法則生效的唯一前提就是——你必須保持正念而行。

以下是一些應用吸引力法則的實際步驟，可以幫助你吸引一切能夠幫助自我達成夢想的人事物與力量，你可以試做看看，看看宇宙如何回應你的期許。

❶ 馬上採取行動

如果你只是每天幻想目標和願望實現後的美好，而沒有採取行動，你就是在做白日夢。當你放下幻想並付諸實行，才能捉住那些近在身邊的契機。

❷ 不計回報地付出

這是最重要的一點，或許也是最難做到的一點。你要在不期望回報的前提下開始投入付出，在實踐的過程中，每一分努力會加強你的直覺力與感恩力，當你擁有了更無私無限的正向力，就等於加強了心施予夢想的能量，那麼你將會收到更多的正向能量回饋。

❸ 跟隨內心的指引

在我們每個人的內在都有一個小宇宙，當你願意聆聽內在的指引，它就會給你最適合的方向，並將一切有利因素吸引到你身邊。所以聽從他人建議，不

如順從內心，因為不會有任何一個人比你更清楚自己最想要的生活。

人生於世，你非常清楚一個人的力量終有其限制，不管你多聰明、多麼有才華，僅憑一個人的力量，要能圓夢，實非易事。

但只要能心持正念，用吸引力法則吸引需要的人事物前來，並且無私相待，宇宙也會回應你的心念，幫助你走向圓夢的道路。

應用能量增長定律，運用讚美和感激來積聚力量

成功學專家卡內基曾說：「與人相處的最大訣竅是給予真誠的讚賞和感激。如果能讚美別人，再加上你的聰明才智和實幹的精神，你的事業就成功了一半。」這就是《能量增長定律》的應用之道。

然而，許多人都不喜歡讚美別人，甚至不知道該怎麼讚美別人，卻總慣於把批評別人的心念與話語放在嘴邊，心懷負面，眼觀負面，自然得到負面的回

應，這一點也怪不了別人。

甚至有一份調查報告顯示：中國每一百位頭腦出眾、業務超強的白領階級中，就有六十七位因為人際關係不順，而在事業中嚴重受挫，難以獲得成功。他們存在的共同問題就是：難以啓齒讚美別人。

其實，發自內心真誠地讚美別人，常常說一些相對正向的話語，不只可讓自己心曠神怡，也能讓與你接觸的人如沐春風，何樂而不為呢？

讚美你的上司，會使上司更加欣賞和重用你；讚美你的同事，能夠讓你們合作互助、相處愉快；讚美你的下屬，能夠讓下屬更忠誠，工作時也會充滿熱情和創造力；讚美你的合作廠商，能夠贏得更多的合作機會，獲得更多的財富；讚美你的親人，能夠使家庭和睦；讚美你的朋友，會深厚友誼……。

美國心理學家威廉・詹姆斯曾指出：「渴望被人賞識是人類最基本的天性。」

然而，在忙忙碌碌的生活中，我們常常會忽略或者不屑去讚美別人，反而

把注意力放在別人的缺點上，這樣做不僅會在無形中對別人造成傷害，同時也不利於自己的人際關係。

如果你不擅長稱讚他人，只要能掌握讚美的幾個原則，就能取得要領：

❶相機行事，合乎時宜

當別人計畫做一件有意義的事時，起始的讚揚能激勵他下決心做出成績，中間的讚揚有益於對方再接再厲，結尾的讚揚則可以肯定成績，指出進一步的努力方向，從而達到「讚揚一個，激勵一批」的效果。

❷因人而異，誠懇實在

有些老前輩總希望別人不忘記他「當年」的業績與雄風，同其交談時，可多稱讚他引以為豪的過去；對年輕人不妨語氣稍為誇張地讚揚他的創造才能和

如果你只是每天幻想目標和願望實現後的美好而沒有採取行動，你就是在做白日夢。

開拓精神，並舉出幾點實例……當然這一切要依據事實，切不可虛誇，阿諛奉承反會招來逢迎拍馬之嫌。

❸ 詳實具體，直指其例

讚美別人時，應該從具體的案例入手，所以平時就要善於觀察別人的長處。讚美用語越詳實具體，說明你對對方越了解、越看重。

不論運用什麼技巧，都別忘了真誠讚賞才能貼合初衷。

一個懂得稱讚別人的人，代表他總是看到別人好的一面，別人自然會用更正向的力量來回應你；而一個總是覺得別人滿是缺點的人，代表他自己的身心也是坑坑洞洞，一個負面的心念，就算不說出口，絕對足以讓對方確切地感受到，反而以更負面的方式反擊。

回歸吸引力法則的核心，和自己的初衷，就不會因為一時的情勢而扭曲了自己待人接物的初心，當你用心看世界，世界也會以你的純澈之心如此回應。

對於夢想，宇宙也是如此回應。

如果你用俗世的觀點衡量自己一生的成就，此生就只能庸庸碌碌於人世；如果你能夠釐清俗世紛擾，只想無私地完成此生的使命，專屬於你的人生歷程與成就將於此開展，就看你是否準備好而已。

用愛啓動，所有的秘密源於美好的愛。

當你能理解也應用了吸引力法則的能量，還必須特別提醒自己——吸引力法則不會自動幫我們篩選各種資訊，它不能決定什麼對我們好，什麼對我們不好，更不會過濾掉對我們不好的資訊，因為這意念完全來自我們心念，吸引力法則只是把我們投注的能量和關注如實回饋而已。

所以，如果你想讓吸引力法則對人生產生更全面的影響，你應該把注意力放在自己最喜歡、最想做的事情上，並且用一種積極的方式陳述你的心願。因為你的大腦是根據心中的情境運作的，所以當你認為：「這件事我一定無法達成。」你就會召喚讓自己「做不到」的一切阻礙前來。

現在，你終於知道自己的心願一直達不成的關鍵在哪裡了吧——就在於「你自己都不相信自己」。所以你應該要將注意力聚焦在想要的事物上，而不

是不想要的事物上。用積極的思想摒棄消極的情緒，全宇宙才會聯合所有正向力量來幫助你。

平時有意識地去關注事物積極的一面

了解了吸引力法則的運行通則後，我們該如何做，才能實際吸引正向的力量，替自己的夢想加持呢？

❶ 言行舉止如理想中的自己

如果你只是憑空想像：我想成為一個更好的自己！那麼有可能你會有所轉變，但這意念的力道還不足。

如果你希望自己成為一個什麼樣的人，你就要明確找出所希望成為的人物榜樣。並就自己原生的性格再去做微調、修正。記住，你不是要成為那個典

人們經常會受到別人的影響，當你在影響別人的同時，別人也在影響你，只要你能堅持，那麼你就能成為那個擁有影響力的人。

範，而是要藉著吸收他身上的部分優點，讓自己成為一個更好的自己，才不會反而矮化自我天生的優勢。

❷要心懷必勝的信念

一個對自己內心有著完全支配能力的人，對自己有權獲得的東西也會有支配能力。因此當我們開始認為自己是成功者的時候，我們就已經站在奔向成功的正確道路了。

❸用美好的感覺、信心和目標去感染身邊的每一個人

人們經常會受到別人的影響，當你在影響別人的同時，別人也在影響你，只要你能堅持，那麼你就能成為那個擁有影響力的人。如果能持續傳達出一切正向的力量，當宇宙予以回饋，你的影響力將會更強大。

❹ 讓身邊的每一個人感到他們被需要

每個人都希望被別人肯定，都希望讓別人覺得自己很重要，如果你能讓他人感受到自己生存的價值，你的人生價值也會被更多人看見。

❺ 時時刻刻心存感激

一個時常心存感激的人必定不會滿腹抱怨，因為他會用感恩的心面對生活中的一切人事物，也最能體會知足常樂的生活。一個擁有滿足心念的人，宇宙也會真的滿足他的全部心願。

積極正向的能量，能夠給予我們更強大的動能去面對現實中的挑戰，當我們有勇氣克服阻礙，又會得到更大的勇氣再往前行。所以保持正面的信念，是闃退在生命中一切暗影威脅的最佳作法。

別忘了，宇宙中永遠有取之不盡、用之不竭的愛

如果有人問你：什麼讓你真正感到幸福和快樂？我相信最多人的回答就是：「愛！」

也許有時候金錢會讓你覺得幸福，但是那種幸福不是內在的幸福，不是長久的幸福，是最容易失去的幸福，更甚者，金錢根本就不會讓你感到幸福。

因此，在追求自我的過程中，要清楚地意識到金錢並不能帶給我們圓滿的幸福，唯有愛自己，才能驅使我們成為一個更好的人；唯有無私地愛身邊的人，才能讓愛真正傳出去，與宇宙持續共振，散播到世界的每一個角落。

想想，我們每個人都是因愛而生的個體，所以這個世界上，沒有什麼比愛的力量更偉大了。當你所能感受和發出的愛越廣闊，你所能駕馭掌控的力量也就越大。所謂的吸引力就是愛的吸引，它是宇宙萬物的根本，宇宙帶給我們所有美好事物，遠比我們想像的豐富與遠大。

所以，在別人尚未看見你之前，你絕對不能輕言放棄，要更珍惜每一個創

造自己人生價值的機會。

一個懂得愛自己的人，宇宙也會看見你內在的光芒，因為所謂的人生成就根本不假外求，也不用他人定義，當你成就了自己，人生中所需的其他元素都會來到你身邊，當一個人向宇宙真心冀求，全宇宙也會如此回應。

心引力

有時候金錢會讓你覺得幸福，但是那種幸福不是內在的幸福，不是長久的幸福，是最容易失去的幸福。

星引力法則
十二星座不可或缺的精神糧食

白羊座

ARIES
3/21~4/19

白羊座其實並沒有表面上看起來那麼灑脫，只不過不願在人前流露出自己的脆弱或不安，因此不管心裡再怎麼難受，也會假裝沒事的樣子。每當他們感到失意之時，就會把那些經歷過的快樂和成就時刻拿出來回味一番，以此鼓勵自己沒必要為一時的失敗而失落，那些精彩的人生經歷，就是他們不可或缺的勇氣乾糧。

金牛座

TAURUS
4/20~5/20

金牛是個很願意付出的星座，但是也把回報看得比什麼都重。所以如果想要鼓吹他們投入一件事，就必須拿出相對的獎勵，這是他們人生之所以能前進的原因。雖然成就感，是大家認為不可或缺的，但有實質獎勵，金牛座才會真正付諸行動。當人生遭遇阻礙，金牛座只要想想可能得到的獎勵，就會更堅定成功的決心。

雙子座

GEMINI
5/21~6/19

雙子座的才思敏捷，往往讓旁人難以窺知他們是否也會有軟弱的時刻。事實上，能夠佔據雙子座心思的人事，確實是非常罕見，不只是因為他們耐心有限，而是他們害怕太在乎帶來的苦楚。因此那些劇情值得回味無窮的經典影片就是他們的精神糧食。不需經歷實在的得失，就能收穫人生真諦，因此能尋回失落的自己。

巨蟹座

CANCER

6/20~7/22

對於巨蟹座而言，精神糧食根本不假外求，親情就是他們努力背後最有力的支援。無論是學業的進步、事業的成功，他們第一個想到的就是和家人分享，看到家人滿意的微笑，心裡就像重新注入活力泉源。如果遇到不開心的事，只要家人一個肯定的眼神，一句溫柔的鼓勵，那些低落的陰霾就會一掃而光。

獅子座

LEO

7/23~8/22

表面看來，喜愛炫耀的獅子，是屢敗屢戰的強者，實際上，他們的心思極脆弱，只是慣用驕傲偽裝。之所以能讓獅子座願意越挫越勇的精神糧食，就是別人的讚揚。如能在他們獲得成功時不吝嗇掌聲，在他們遭遇失敗時能肯定他的付出與努力，以此灌溉他的自信心，獅子座就能元氣飽滿地繼續加油。

處女座

VERGO

8/23~9/22

處女座們要求的完美不僅止於表面，更要求內在的充實。因此閱讀就能滿足他們的渴望。感到疲憊時，他們能從書本中找到繼續戰鬥的能量；感到沮喪時，能從書本中獲取勇氣；感到不滿時，能從書本中找到妥協讓步的理由。閱讀伴著處女座學習成長，讓他們擺脫孤單的同時，也學會了積極面對。

星引力法則

十二星座不可或缺的精神糧食

天秤座

天秤座非常容易受到外界的影響，雖然總想獲得聚精會神的平靜，卻非常的短暫。為了讓心情平靜下來，為了讓自己做出最正確的選擇，也為了不再因矛盾掙扎，天秤座會選擇音樂來舒緩內心的焦慮與緊張。優美的旋律會平復他們受傷的心靈，悠揚樂音能讓生命暫時遠離物質世界的嘈雜，以安慰他們敏感的神經。

LIBRA

9/23~10/22

天蠍座

愛情對天蠍座而言，就像可遇而不可求的神話，因此他們只要一旦墜入愛河，就會無視於俗世的罣礙，這就是它們為之瘋狂也為之恐懼的精神糧食。愛的越深，可以為之做出的努力與讓步就越大。如果在現實中遇到一時無法解決的問題，只要擁有愛的滋潤，他們就會咬牙堅持，對他們而言，愛的力量是無限大。

SCORPIO

10/23~11/21

射手座

即使在最悲觀的時候也信奉樂觀哲學的射手座，人生中最不可缺乏的就是快樂的糧食。為了不讓自己陷入情緒的泥沼，他們平時就會透過各種人生的體驗持續補充快樂的大力丸。哪怕只是瞬間的燦爛，射手座也會讓愉快的氛圍盡量延續，才能排解傷感。而他們也認為快樂有療癒效果，與人分享，自己也能無憂無慮。

SAGITTARIUS

11/22~12/21

摩羯座

CAPRICORN

12/22~1/19

充實的生活是摩羯座的人生基礎，一旦沒事可做，他們就會無聊的發慌、胡思亂想。所以，摩羯座會替自己設立一個又一個目標作為精神糧食。一旦有了無窮的目標要為之奮鬥，就沒時間來煩惱那些毫無意義的情緒。對於摩羯座而言，達成目標是一大樂事，若有煩心，情緒也會很快被取而代之的人生目標所撫平。

水瓶座

AQUARIUS

1/20~2/18

水瓶座的性格與行為本來就超出世俗的掌控，甚至就連他們自己有時也常常搞不懂自己到底要的是什麼。但是，唯有一點始終不變的就是友情。從小時候的玩伴到後來的死黨，一旦認定，就會是他一輩子的朋友，也是他的精神糧食來源。和朋友一起並肩作戰，就算是再困難的任務，也會笑著迎接。

雙魚座

PISCES

2/19~3/20

對於雙魚座而言，從小到大，美夢一直都是他們不可或缺的精神糧食。就算一次次被現實重傷，一次次因為欺騙和背叛而流淚，只要還有夢可做，雙魚座就不會徹底的失去信心，擦乾眼淚，睡醒後明天又是新的一天。即使只有一、兩次美夢成真的機會，雙魚座也會繼續作夢、築夢，因為夢想會讓他們的心變得無堅不摧。

「如果你想永遠立於不敗之地，最好的選擇就是投資自己。」

~美國股神　巴菲特

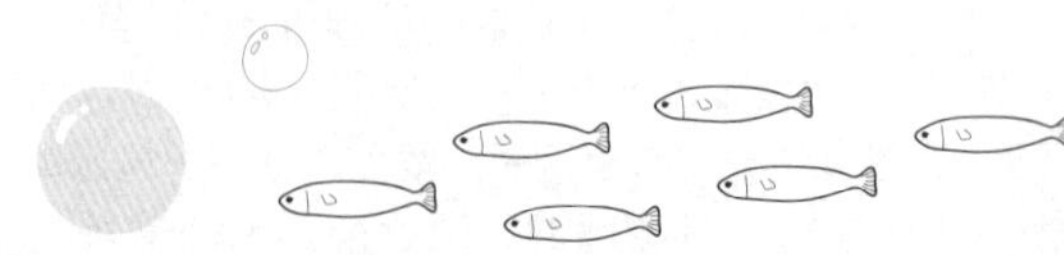

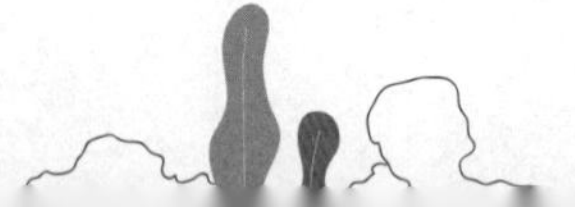

Chapter 5

不涉足無感的領域，在興趣領域不斷修行

讀萬卷書，從閱讀中吸取他人日月精華。

哲學家培根曾經說過：「凡有所學，皆成性格。」

閱讀能夠豐富我們的心靈，擴大我們的視野，凡是我們人生從未經歷過的體驗，皆可以從書中取得，所以習得他人經歷的日月精華，最好的方式就是閱讀，讀自己現階段最需要的書，讓知識帶我們跨越人生的界線。

一個人求學時需要閱讀，進入職場工作後更需要閱讀。

一個人工作順利時需要閱讀，工作不順時，更應該透過閱讀找到解決問題的辦法，克服生命的挑戰。

如果你正好感受到工作受挫而使自己無精打采，此時正好能跳脫忙碌的步調，靜下心來好好地閱讀，用書中的見解調整一下自己的思緒。

當我們的人生遭遇阻礙與限制，讀一本好書永遠是幫助自己最快醒悟的破

解之道。

透過閱讀，打開你封閉的心

閱讀是另一個世界、另一種視野，幫助我們走進自己沉封已久的內心。當你選了一本想看的書，就先把與工作有關的事情、非做不可的事情都暫時放到一旁，把大腦清空，把所有的精力都放到書本上，任自己的心情隨著書中文字流洩。等到能夠靜下心時，再放慢速度，進行深度閱讀。

對於我們每天忙碌的生活，閱讀其實是很好的調劑，畢竟工作了一整天，難免感到身心疲憊，這時翻看身邊的書，轉移一下自己的注意力，就會在無形中釋放了疲憊，書中的金玉良言也可助你增長見聞，似乎人生中的問題也不那麼嚴重了，我們總是可以從書中找到自己最需要的那句話，來替人生解套。

閱讀是學無止境的，正如美國管理大師彼得・聖吉所言：「一個人現有的

一個人工作順利時，需要閱讀，工作不順時，更可以透過閱讀找到解決問題的辦法，克服生命的挑戰。

知識，如果每年不能至少更新百分之七的話，他就無法適應社會出現的新變化。」也就是說，不懂得閱讀的人，會跟不上時代的步伐。

如果你覺得自己常常受限於經驗中，或是在需要方法之時，卻總是腸思枯竭，或許你該問問自己：我有多久未曾閱讀一本書？

學歷可以證明你過去曾經讀過什麼書，卻不能證明你現在不需要閱讀。出了社會之後，甚至有人認為：「文憑只能幫你三個月。」

所以，要想不被這個社會淘汰，就要在日常生活中培養閱讀的習慣，不論是看自己喜歡的書，或是市面上正暢銷的新書，都可以幫你淘汰那些不適用的經驗，用新的知識活化你的心，才能看見新的世界。甚至窺見未來的趨勢，比別人優先思考現在的每一步，你才有可能走在別人前面。

據說美國總統歐巴馬每天平均會收到四萬封來自社會大眾的投書，他會請助理從中精選十封認真拜讀，以貼近群眾的心，了解他們現下的問題，立即思考、反應化解之道。這也是一種閱讀的形式。

學歷可以證明你過去曾經讀過什麼書，
卻不能證明你現在不需要閱讀。

閱讀是一種與自我內在對話的過程，它可以跳過防衛森嚴的自尊，直接與深層的意識溝通，這就是為何你總可以從書中即時找到自己最迫切需要的片段菁華。

因為閱讀時，你的眼就取代了你的心，直接替心中的疑惑尋找解答，所以能在傾刻間就扭轉了原有的意念，跨越你的心牆，人生也將豁然開朗。

突破既定思維，換一種角度來看問題。

法國科學家費伯曾做過一個非常有趣的實驗：

他在一個花盆的邊緣以首尾相接的方式放上一整圈的毛毛蟲，而後，他又在不遠處撒滿了毛毛蟲最愛吃的鮮嫩松針。

當他試圖用竹筷撥動其中的一隻毛毛蟲前進，其他的毛毛蟲也都會跟著行進。然而，當前面一隻毛毛蟲向前進，後面那隻跟屁蟲就會隨著他的方向前進。結果，毛毛蟲從頭到尾都一直繞著花盆的邊緣行進，直到七天七夜後，毛毛蟲全都因為饑餓和勞累而死。在此期間，沒有任何一隻毛毛蟲爬出這個莫名其妙的限制圈圈。其實，只要有其中一隻毛毛蟲稍微轉個方向，全部的毛毛蟲就能吃到那些松針了。卻沒有一隻毛毛蟲願意冒險向外移動。

在日常生活中，我們總喜歡用一種常規的方式來思考、決策，經年累月地按照一種既定的模式生活，從來沒有想過換一種方式。一旦思維方式成了習慣，我們遇到任何問題，就會很自然地順著既定的思維運作，就像那些被餓死的毛毛蟲一樣，懶於轉向，所以解決問題的能力永遠只能停留在同一個層級，直至筋疲力盡。等我們發現原來還有其他的選擇時，往往為時已晚。

換位思考，激出另一種出路

那麼我們要如何才能突破自己目前的思維方式，打破現在生活的限制呢？其實有許多種做法，最簡單的一種就是「換位思考」。

每個人都有自己習慣的思考邏輯，但我們身邊卻充斥著各形各色的人，他們都擁有截然不同的思維模式，如果我們能試著多套用幾種人的思維模式，針對同樣的問題，就不會只有單一的見解，你可以再依情勢挑出最有利的答案。

例如：面對工作上的困難時，你可以如此換位思考：「如果我是老闆，我會怎麼做？」或是「如果我是主管，會希望身為職員的自己採取什麼行動？」

跳脫一下自我層級的思考，往往可以讓你窺見那個過去不了解的世界，反而突破了原本單一直覺的解決方式，解決方式更多元，問題更容易迎刃而解。

常常用這樣的方式訓練自己，你就像毛毛蟲邁向蝴蝶的歷程，憑靠自身的力量褪去無用的蟬蛹，成為一個更美麗、更輕盈的自己，飛向嶄新的人生。

不放過任何學習的機會，現在就為自己工作。

你是否曾經想過一個問題：「我在為誰工作？」

實質上，你是為了公司、為了老闆而工作，但心理上呢？

如果你能清楚地回答這個問題，人生中許多不必要的情緒，都能逐漸捨棄；許多不確定的方向，都能釐清。相信我們都知道這個問題的標準答案，但是卻常常遺忘，而和自己現下的人生不斷抗衡，搞得自己筋疲力盡。

這時，你就更要大聲地提醒自己：「我是為了自己而工作，為了人生的發展與成就，我正走在朝向自己目標的路上，要肯定自己的努力與付出。」

如果你無法堂而皇之地告訴自己，那麼或許你應該好好想想，現在的生活有沒有可以為了自己的目標稍微調整之處，就算只有一點點，也足以幫你找回遺失在路上的靈魂。重點是，誠實地面對你自己。

我們會過著現在的生活，完全是出自己的選擇，沒有人逼你。如果你覺得為什麼我就是無法遇到像別人那麼好的老闆、好的對象、好的家庭？

那麼你應該再問自己：為什麼那些一無所有的人並沒有時間去思考這些問題，但是我卻每天都在這些無法改變的事實上和自己糾纏不清？

或許是因為你還有一個足以溫飽的工作、一個相許終生的對象、一個家庭的支持，所以在擁有的基礎上嫌東嫌西，可是你卻忘了，最初不都是自己的選擇嗎？既然如此，縱有不滿，也只有自己應該承擔，情況也只有自己能扭轉。

工作其實就是人生，別把自己做小了

或許你會覺得疑惑，我們之所以選擇工作，不就是為了生活。

沒錯，那麼我們之所以生活是為了什麼呢？

這才是你應該思考的問題。我們之所以生活，是為了找尋人生的意義。那

麼了無人生意義的生活，不就違背了自己最初來到世上的心願嗎？

的確，一個人活在這個世界上有最基本的生存需求：需要解決個人的溫飽，需要養家糊口，需要與人交流，需要獲得發展，只有透過工作獲得一定的報酬，這些需求才能成為可能。

但是工作能帶給我們的，不僅僅如此。只是我們都容易忽略、不去面對、拒絕思考。如果只是把工作單純當成「為了得到薪水不得不做的事」，那麼你不快樂不是工作的問題，更不是老闆的問題，是你自己把工作做小了。

我們沒必要在艱辛的現實環境中唱高調，工作的目的當然是為了生存，但是還有比生存更可貴的歷練——在工作中充分地挖掘自己的潛能，用這些智慧和能力去達成自己所能做好的事情，逐步實現目標，這才是工作的意義。

在實際的工作中，總有些人認為自己是在為別人工作，他們經常會說：「我拿多少錢做多少事，絕對對得起自己這份薪水。」

這樣的人看似很有責任感，會將自己「本分內」的事做好做完。但如果他們覺得是「額外」的事，就會忿忿不平地埋怨：「那又不是我的工作，我為什麼要做這些？」不但工作時覺得缺少樂趣，而且也很難得到老闆的認可和讚揚，因為他們根本不知道他們是在為自己而工作。

會逃避工作的人，勢必也會逃避自己的人生。因為工作就像是人生的縮影，工作上的問題就是人生中會出現的問題，如果不能以小窺大，工作上的障礙不排除，人生也會原地踏步。

這時，你就不難理解為什麼有人一直在換工作，並非他們沒有遇到適合的工作，而是不管做哪一種工作，他都不願意面對自己造成的問題。

在職場中，還有很多員工抱怨公司沒有給他們發展的機會。其實，機會只會降臨在能體認到「我是為自己工作」的人身上。

檢討一下自己的思考方式、工作態度是否也阻擋了生命的出路？如果發現了問題，就要從根本上扭轉自己的態度。只要用心工作，並在工作中不斷提升自己，就會獲得機遇，早晚會走向人生目標。

如果你失去了工作的熱情，請從問自己：「我在為誰工作？」開始循線找到應該改變的方向，找回工作的動力，重燃熱情，使人生從平庸走向傑出，從傑出走向卓越。

心引力

我是為了自己而工作，為了人生的發展與成就，我正走在朝向自己目標的路上，要肯定自己的努力與付出。

迴避投射效應：不當炮灰，也不過度防衛。

所謂投射效應是指人們很容易以己度人，總是認為自己具有某種特性，別人也一定會有與自己相同的特性，經常把自己的感情、意識、特性投射到他人身上，並強加於人的一種認知障礙。

在人際交往的過程中，人們常常假設他人與自己具有相同的屬性、愛好或傾向，或常常認為別人理所當然地知道自己心中的想法。

如果你能善用投射效應，就可以找到人生多數問題的來源。

你如果討厭別人，其實就是討厭自己

心理學家羅斯曾做過這樣的實驗。他徵求八十名參加實驗的大學生意願，詢問他們是否願意背著一塊宣傳看板在校園裡走動，幫忙宣傳活動。

結果，有四十八名大學生願意背看板在校園內走動，並且還認為大部分的學生都會樂意幫忙宣傳，而那些拒絕背看板的學生則普遍認為，只有少數的學生才願意。可見，這些學生將自己的態度投射到了其他人身上。

日常生活中，「以小人之心度君子之腹」就是一種典型的投射效應。當別人的行為與我們不同時，我們習慣用自己的標準去衡量別人的行為，認為別人的行為是屬於正常或違反常規。

例如：喜歡嫉妒的人，常常將別人行為的動機歸納為嫉妒，如果別人對他的態度稍不合他意，他便覺得別人是基於嫉妒心理。

在職場中，也有不少人覺得自己被人利用，無法展現自己的才能。事實上，是他們自己貶低了這份工作，差強人意的表現當然不可能獲得展現的機會。這種思考反而意味著有這種想法的人有了過度防衛的心理。

隨著激烈的職場競爭，人們提心吊膽，警覺地察言觀色，以保全自我。這

當你察覺到自己對別人有負面的感受時，要學會提醒自己：其實你是看到自己的陰暗面。

樣緊張的狀態，讓人們面對外界變得像刺蝟一樣，還覺得別人總是不夠誠意、防著自己，用這種猜疑之心面對人群、職場，自然容易讓人勞心傷神。

所以，當你察覺到自己對別人有負面的感受時，要學會提醒自己：其實你是看到自己的陰暗面浮現眼前，因此感到恐懼厭惡。要藉此幫助自己看到真正的問題，而不是把問題都推到別人身上，才能真正地化解關係中的障礙。

例如：很多時候，因為懼怕自己成為「炮灰」，人們容易誇大自己的價值，堅持自己的意見，並在這個過程中，將別人反對的聲音和不同的意見，視為對自己的否定、排斥，甚至是壓制。這時，人們的內心就會出現恐慌感，出於對自己的保護，便會表現出沒有理由的堅持和固執。這就是投射效應所反映的心理——把自己的想法強加於別人身上。

其實，在人生中，意見不同是常有的事，但如果其中一方將意見的分歧理解成對自己的否定，過度防衛就會造成無謂的爭執，結果你以為堅持己見是保全了自尊，實則在態度或言語上傷了別人心，更傷了別人對你的信任，所謂的討論，根本是無效的溝通。

當你出現負面感受，要先提醒自己：「別又發作在自己和別人身上。」懂得察覺，就能減少人際上的紛爭，放開了自我心理上的束縛，你才能真正聽到對自己有益的建言與聲音，人生才有改變的可能。別忘了，全宇宙中只有一個你，當你化解了看似別人身上的問題，其實就是在替自己人生解套！

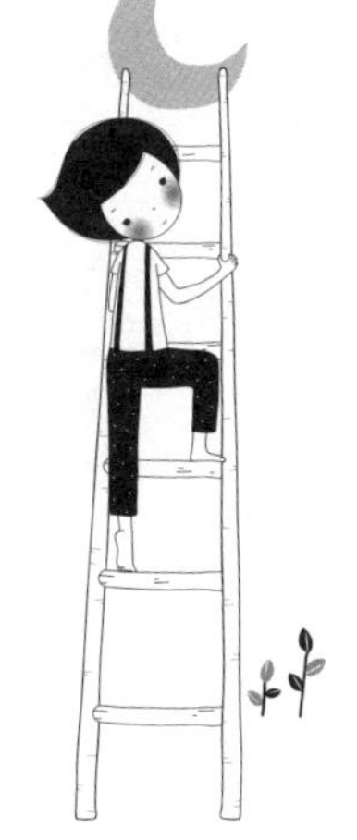

做好分內的事，不善交際也能贏。

有些習慣迎合上司的人經常會把公司中的人際關係理解成權利關係。與他們的利益密切相關的人，他們會迎合、讚美，甚至阿諛奉承；對他們的切身利益沒有影響的人，他們則採取傲慢、冷漠的態度，並喜歡炫耀自己，打壓別人。

其實，並非只有一味重視人際關係的人才能成為職場上的寵兒，如果你性格內向，不善交際，也能夠穩扎穩打走出自我的路，而且方法很簡單，就是——做好自己分內的事情。

能替本分內的事負責，人生也不會迷失方向

小勇在一家德國公司任職，剛進公司時，他就常聽別人抱怨德國人的文化

很重階級倫理，他的上司很難親近，這家公司中的台灣人也難以真正受到重用。

但小勇並沒有把閒言閒言放在心上，從走進公司的那一刻起，他便一直努力做好自己的本分，那些什麼階級鬥爭、誰排擠誰的事他一點興趣都沒有。

某天，小勇高升為銷售總監，邀了他的同窗好友小建一同去慶功，用餐時，小建開玩笑地問：「聽說你們德國體制的公司裡，台灣人都不受重用，你怎麼升得上去？」

小勇一笑置之地說：「其實公司的情況並沒有那些人說得那麼糟糕。與公司的主管搞好關係固然很重要，但是做好自己的工作更重要。一開始我根本沒想到自己會被提升為銷售總監，我只是想實現自己的價值，鍛鍊自己的工作能力，多為公司創造一些利潤，多拿一些業績獎金，真沒想到自己會被任命。」

短短的幾句話，卻點出了許多人在工作上的問題——我們總是把焦點放在那些與現在的自己沒關係的層面上，例如：年終的多少、同事好不好相處、老闆難不難搞？……卻沒想到，你自己的本分做好了嗎？如果現在自己的本分都未必做得好，哪有時間心力想那麼多呢？

而且，很多事情只要做好應盡的義務，自然就會收得實效，就算不符預期，無形中的成長與歷練更是無價的收穫，何必成天在「別人分內」的事情上斤斤計較呢？

有人曾問一位成功的管理者：「你能夠在公司的管理職位上穩如泰山的祕訣是什麼？」

他輕鬆地回答：「因為我在特定的一段時間內會集中全部精力，踏踏實實地做好自己的本份，簡單地說就是在其位，謀其政，做好自己該做的就對了，其他的事不用想那麼多。」

職場與人生的道理也是一脈相通的，如果你連自己想做的事情都做不好，就在那邊胡思亂想，導致自己過度憂慮，反而混淆了人生應走的方向，最後只

能隨波逐流。就像那些在職場中最後選擇人云亦云的人一般，連自己的本分都做不好，還在怪公司不重用。

隨時提醒自己，不論公司環境如何，不論人生境況如何，優先做好自己「分內」的事，不必仿效他人，不必跟風流俗。當你完成了這一關的任務，人生自然會順利晉級，你的人生只有自己能爭取，別讓那些無關緊要的旁門左道擋住了圓夢之路。

利用泡菜效應：和比你強的同事一起吃午飯。

把同一種蔬菜泡在味道不同的水裡，一段時間後，水的味道也會變得跟蔬菜一樣酸鹹各異，心理學家將這一現象稱為《泡菜效應》。

當我們與人交往的過程中，常常會不自覺的受到對方的影響。

如果你的工作總是一波三折，看看你身旁的朋友，是否常常抱著騎驢找馬的態度面對工作？接近一個人對我們會有好的影響，也可能有壞的影響。重點並不是這個人本身的優勢劣勢，而是你會受到他身上那些特質的吸引？

人人都是一個獨立的個體，即使是我們欣賞的對象，也不可能變得和他完全如初一轍，如果只是模仿對方身上的特質，那麼對自己可說是毫無意義。因為你很明顯知道自己「在假裝」，你騙的過別人，豈能騙過自己的心？

但是，親近一些我們覺得值得學習的對象，吸取別人的正面經驗後，我們

可以將其有益的觀點，用自己的方式去加以詮釋、思考。如此一來，等於是將別人的優勢與自己的優勢結合，甚至能延伸出更深層、更受用的觀點，這才是真正屬於我們自己的東西，你的心才能真正的認同接納，而讓這些新穎的觀點在潛移默化中微調人生。

替自己的心裝一套防毒軟體，只下載受用的更新程式

照理而言，吸收彼此同質性高的專業層面，我們可以最快收得提升的實效。例如：銷售人員如能跟著業績掛帥的前輩學習，就算方法不見得受用，也絕對能感染到前輩身上對於銷售的熱情。

總而言之，吸收正向的東西，就能對自己產生正向的幫助。

人的一生就是身心成長的歷程，如果只是年歲增長，但智識、心智卻大不如前，這無關乎社會成就，都不能算是一個健康充實的人生。所以，我們對於

將別人的優勢與自己的優勢結合，這才是真正屬於我們自己的東西，你的心才能真正的認同接納。

散發正面心念的人、真才實學的領域就要多接近，反而要小心那些華而不實的人，以及會引發虛榮心的領域，這只會讓我們越來越偏離生命的本質。

這個說法雖然有些誇張，但也不無道理，看看職場中與你最要好的那位同事，大概就可以了解你的工作態度，大致上八九不離十。

但是在生命中也有一種普遍的情況，就是我們常常看到一個貌似優秀、很有潛力的人，總是愛和那些與自己資質差一截的人窮攪和，因為這會讓他們覺得更有優越感。

不過一旦產生這樣的心理，就表示他們其實重視外人的觀點勝過自我認同，明明資質不錯，卻有可能因為酒肉朋友的激化，而走上根本不適合自己的道路。如果我們具有這樣的心態，一定要格外警醒自己，不論別人告訴你什麼多好的方法、能多賺很多錢的捷徑，一旦與自己的人生觀完全不符，就要嚴加遏止這些即將入侵的病菌。

一個擁有正念與自信的人，就像擁有一套完備的防毒軟體，知道什麼是適合自己、什麼是不適合的事物。如果心沒有強大的人生觀與流俗的價值觀相抗衡，一不小心就會失去自己，還以為過著理想中的生活，實則一點都不快樂。

就像植物生長的過程中，我們常常必須修剪歧出的枝枒，才能讓花卉或果實開得更飽滿，但如果你是一朵鬱金香，就不必逼自己變成一朵玫瑰花，你有你的優雅，他有他的芬芳。

心引力

要小心那些華而不實的人，以及會引發虛榮心的領域，這只會讓我們越來越偏離生命的本質。

星引力法則

十二星座突破自我的心魔

白羊座

ARIES 3/21~4/19

白羊座積極的人生態度，促使他總是比別人更懂得勇往直前，英雄膽識令人欣羨。但面對相對複雜或講究慢工出細活的工作時，白羊座就會逐漸露出本性——失去耐性，到最後乾脆應付了事、草草交差。如果白羊座可以學會沉住氣，改掉莽撞的毛病，那麼在減少失敗經驗的同時，人生進程也能相對大躍進！

金牛座

TAURUS 4/20~5/20

如果你交辦一件事情給金牛座，他絕對會穩紮穩打地做完，決不會偷工減料。不過，當遇上情況轉變，或是別人告訴他這樣做行不通時，他還是會堅持自己原來的步調與路線，不懂得應變的結果，即使埋頭苦幹，最後仍然事倍功半。如果金牛座可以多一些調整的彈性，轉個彎，或許早就直達人生目的地。

雙子座

GEMINI 5/21~6/19

雙子座的能言善道可謂眾所皆知，不論是多麼難協調的事務，他們都可以本著「見人說人話，見鬼說鬼話」的長才，讓事情圓滿進行。但因為他們的反應實在太快了，有時候話說出口，卻未經求證的情況下，反而容易落人口實，讓人失去對你的信任，或是給人口若懸河、辦事不牢的印象，就會阻礙自己的晉升之路。

巨蟹座

CANCER
6/20~7/22

巨蟹座工作上即使再忙再累也會咬牙撐過。不過，他們堅強的外表下，有一顆非常柔軟的心，如果愛情、家庭層面不順心，就容易讓自己易感、情緒化的那一面爆發出來，而影響到自己的專業，也會讓人質疑他的EQ和耐壓性。所以巨蟹座應該學會控制自己的情緒，心平氣和會讓你面對挑戰更無懼。

獅子座

LEO
7/23~8/22

好勝心強的獅子座在自己特別好強的領域，他們也會額外鞭策自己。但太在意鎂光燈的結果，反而忘了自己最初投入的初衷，或是在欲求精進之餘，卻又不願意採納他人的建言，甚至視為對自己權威的挑釁。其實獅子座很有才華，只要多一點謙虛、學習之心，無論如何物換星移，太陽依舊是天上最耀眼的行星。

處女座

VERGO
8/23~9/22

處女座雖然可以把主管交辦的工作做到臻於完美，但有時過度要求細節、務實的結果，反而會落入「見樹不見林」的窠臼，當他將手邊的計畫執行得天衣無縫之時，可能時機早就錯過了，導致成效不彰。如果處女座可以培養宏觀的眼界，再多一點膽識與野心，憑他的聰明與確實的執行力，成功只是時機的問題。

星引力法則

十二星座突破自我的心魔

天秤座

LIBRA 9/23~10/22

天秤座最大的優勢就是他們的社交手腕，所以很容易透過與賢能朋友的分工合作，貴人的及時支援，而登上人生的高峰。不過若天秤座為了要做老好人，而把諸多的瑣事、責任一肩扛起，只怕吃力不討好，就因小失大了。建議天秤座將自己愛好平等的精神放在權責分擔上，就能結合眾人優勢，搶下成功的先機。

天蠍座

SCORPIO 10/23~11/21

天蠍座常常可以從最日常的生活中嗅出賺大錢的先機，一旦掌握訣竅，野心勃勃的他們絕對不會輕易放過任何賺大錢的機會。不過，在物質層面越精明的人，在情感面最常常滑鐵盧。因為天蠍座擅長用威脅利誘與人建立關係，所以自然難以換得真心。如果天蠍座可以真誠待人處世，不管在實質面、情感面都能雙贏。

射手座

SAGITTARIUS 11/22~12/21

射手座往往懂得以宏觀的角度來檢視人生，因此自然能夠更快找出化解之道。照理說，他們應該是最早登上成功頂峰的人，但因玩心太重，常常達到一定的目標後，他就跑去放鬆大玩一場，人生太彈性的結果自然離最終的成就目標越來越遠。如果能稍微收斂一點「玩心」，功名利祿早就是囊中物。

摩羯座

CAPRICORN
12/22~1/19

對摩羯座而言，獲得眾人仰望的社會地位，才能撫平心中最深的自卑。不過，一旦讓摩羯座嘗到成功的甜頭，就會對「權位」著迷，動不動就擺出頤指氣使的氣焰，或是為了穩固地位，對人名利算盡，得罪了不少人。其實，只要收斂一下自己「囂張」和「驕傲」的姿態，不用費心拉攏人心，成功也能更長久。

水瓶座

AQUARIUS
1/20~2/18

水瓶座擁有將遠見付諸實現的能力。不過，因為水瓶座太執著於自己的專業智識，而不願意服從承襲已久的管理方式和策略，不願意與現實妥協的結果，反而讓自己成為晉升之路的最大老鼠屎。只要水瓶座懂得「識時務者為俊傑」，不要和情勢賭氣硬碰硬，憑水瓶座的聰明才智，早就過著名利雙收的幸福人生。

雙魚座

PISCES
2/19~3/20

雙魚座是一個活在理想中的星座，他們總是在幻想不論人生計劃或工作計畫都應該順利推行，結果不切實際的結果，就是現實與他所想的相差甚遠，最後沒有一個夢能實現。所以，雙魚座若是能夠從「夢中醒來」，正視現實，天生具有感受力與直覺力的他們，其實更容易從洞察人心中得到成功的指引。

「你想下半輩子繼續賣糖水，還是抓住一個改變世界的機會？」

~蘋果電腦創辦人　賈伯斯

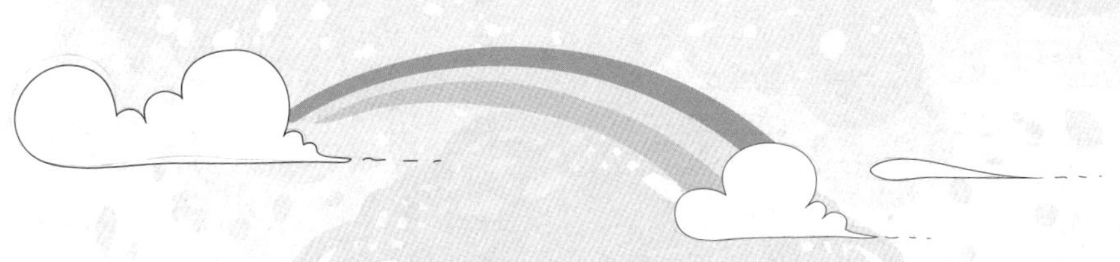

Chapter 6

我到底該為生活而工作，或為夢想而工作？

延燒熱情，讓工作與夢想接軌。

成功學專家拿破崙・希爾曾指出：「若你能保持一顆熱誠的心，那會為你帶來奇蹟。」對於生命的熱誠，就是尋找到人生使命感的鑰匙。

在日復一日的生活中，有些人會認為：「為了生存，我放棄興趣，選擇一份穩定有保障的工作，卻逐漸失去對人生的熱情……」

如果你因工作日漸耗損原有的熱誠，你應該要認真地想想：

是因為工作的關係，我才逐漸失去前進的動力？

還是因為自己的關係，我失去和夢想連結的力量？

用提問去釐清問題的源頭是在於工作，或是自己。

如果是因為工作的關係，那表示你忘了用使命感的角度去看待自己在生命中遇到的難題。

如果你無法在工作中找到自己需要的部分，那就算換了一百個工作，你的人生也不會有任何的進展。所以重點不是在於工作，而在於你是否能找到工作與夢想的連結，讓自己每一天踏入公司的步伐更有力。

如果是因為自己的關係，你的心可能暫時偏離了目標的軌道，有其他事物擋住了你原有的目標，可能是安定感、可能是穩定的收入、可能是被肯定的安全感，這些安逸都會讓我們停止前進的腳步，你必須好好地思索自己真正想要的人生，才能放棄「我這輩子這樣就好了……」的想法，重拾對人生的熱誠。

能否領略工作的藝術，全看自己的心

第二次世界大戰後，日本的經濟起飛，在汽車產業領域已經能與早就起步的美國汽車業分庭抗禮，而且日本的光學儀器和照相機的研發速度甚至威脅到德國的相關產業，在製錶業的精細程度則威脅到瑞士，更遑論日本一向擅長的

如果你無法在工作中找到自己需要的部分，
那就算換了一百個工作，你的人生也不會有任何的進展。

遊戲和動漫領域更是瘋狂席捲全世界。

為什麼在所有資源消耗殆盡的情況下，日本卻能在第二次世界大戰後迅速崛起呢？主要是歸功於大和民族對工作的使命感，讓被迫吞下戰敗惡果的日本人，試圖藉由其他產業的復興運動，用實際的作為與實力取代曾經戰敗的恥辱，因此推動日本經濟迅速發展。

日本管理學家中穀彰宏曾說：「工作對我們而言究竟是有趣的，還是枯燥乏味的，全看你有沒有用熱誠努力地去做好它。再枯燥無味的工作，努力去做也會變得有趣；再有趣的工作如果興致索然地做，都會變得無趣，不信你把自己裝成興味索然的樣子去打電動看看。一個人不能從工作中找出樂趣，那不是工作本身枯燥的緣故，而是他自己不懂得工作的藝術。」這一段話囊括了日本人令人欽佩的工作哲學，也提醒了我們，是否能將工作做得有聲有色，全看我們自己。

能否領略工作的藝術，全看自己的心

美國石油大王洛克菲勒最初在一家石油公司工作，他既沒有高學歷，又不具備相關的技術背景，於是被分配去檢查石油罐蓋有沒有自動焊接好的最基層工作。說實在的，這份工作其實連三歲的小孩也輕易做到，但洛克菲勒還是每天做著枯燥、單調、一成不變的工作，看著焊接劑滴在罐蓋上，把罐蓋焊接好，再看著罐蓋被運走……。

洛克菲勒堅持了半個月後，終於忍不住向主管申調其他單位，但不知基於什麼原因，被主管一口回絕了。

申訴無效的洛克菲勒只好重新回到工作崗位，既然不能調換工作，不如把眼下的這份工作做好。於是，洛克菲勒一邊檢查焊接機的工作狀況，一邊研究焊接技術。

經過仔細地觀察，他發現每焊接好一個罐蓋，只要三十八滴焊接劑就可以

問題的重點不是在於工作，而在於你是否能找到工作與夢想的連結，讓自己每一天踏入公司的步伐更有力。

了，而當時的焊接機一次就會擠出三十九滴。

經過反覆的研究和試驗，洛克菲勒終於研製出「三十八滴型」的焊接機，光是一次節省這一滴焊接油，就讓公司前後總共省下了五億美元的開支，充滿工作熱情的洛克菲勒就此邁出成功的第一步，為自己換得了其他更好的職位，最終成為世界石油大王。

在職場上，很多人認為只要準時上班、下班，不遲到、不早退就是順利完成工作了。

如果你把工作看成一份領乾薪的職業，那麼你也把自己看得太廉價了，因為同樣的工作，別人能夠從中獲得成就與熱情，但你的收穫卻只有每個月的那份薪水，豈不把自己看扁了。

根據哈佛大學的研究發現，一個人如果在他的工作中有傑出的表現，百分之八十五是取決於他的工作態度，而只有百分之十五是取決於他的智力和專業知識。

也就是說，一個人在工作中能否表現傑出，他的態度幾乎就決定了一切，這跟學經歷背景其實沒有太大的關係。

了解了成就的真相，如果你可以稍微轉換態度，把工作的每一個環節，看作是幫助你邁向夢想的每一步，不只能找回消失已久的熱情，調整工作態度的你，也能如願以償地重新找回失落的自我。

心引力

再枯燥無味的工作，努力去做也會變得有趣；
再有趣的工作如果興致索然地做，都會變得無趣。

創新源於好奇，夢想成就未來。

美國宣傳奇才哈利小時候曾為一家馬戲團工作，負責在馬戲場內銷售零食和飲料。長期觀察下來，他發現每次看馬戲團表演的人不多，買東西吃的人更少，尤其是飲料，大多乏人問津。

一天，哈利終於想出了一個辦法：向每一個買票的人贈送一包爆米花，以此吸引觀眾來觀看馬戲團表演。但是馬戲團的老闆卻比較保守，認為這個辦法太冒險了。

哈利懇求老闆一試，並承諾若是賠錢，可以從自己工資裡扣，如果賺錢的話，大家就五五分帳。於是，售票窗旁就多了一位宣傳生。

每天演出前，宣傳生都會賣力地喊著：「來看馬戲團表演，每買一張票就送一包好吃的爆米花！」由於哈利的創意行銷，不僅真的增加了很多觀眾，而且多數觀眾吃完爆米花後感到口渴，還會多買一杯哈利賣的飲料。一個宣傳的小巧思，讓整個馬戲團與哈利餐飲部的營業額比原來高了十幾倍。

我們常常會覺得生活一成不變，但外在的事物、環境都是被動的，如果我們的心如止水，就看不到每個既定行程、工作的背後，其實都隱藏著一些尚未被發現的驚喜利基。

人生其實不必那麼嚴肅看待，當你的眼光具有彈性、具有廣度，才能穿透原來的表相，找到自己覺得「有趣」的地方，種下夢想的種子，讓夢想發芽。

偶爾試著回到孩子的眼光來看看這個世界，觀察你手邊的工作。你會發現各項工作都像是新奇的遊戲，各有一套既定的遊戲規則，而我們就是那個負責闖關的人，要闖關成功，你必須去挖掘那些可見和不可見的寶物，才能打敗心裡那個世故的大魔王，但每一關的時間有限，如果你總是愛坐在原地等的話，就是在耗盡生命的能量。

既然如此，為什麼不放手一搏，讓自己找出如魚得水的樂趣和創意呢？

打開創意的頭腦，玩翻人生

要展示自己的無限創意，首先要強化自己的創新能力，從以下方式你可以找到開發創意思考的入口。

❶ 強迫自己創新

在創新的最初階段，你需要強制自己換一種角度和思維方式去看待已經完成的工作。先給自己一點時間，並思考出兩種另外的解決辦法，然後，與周圍的人討論你的想法，判斷自己的創新想法是否具有可行性，有什麼利弊。

❷ 創新不僅需要智慧和靈感，更需要長年累月的累積

當你面臨的問題沒有解決、想不出好辦法的時候，你是否進行過反思，自

己平時是否全心地投入靈感的發想。當你全心投入了，需要創意的時候自然不假外求。

❸在實際的工作中，常常與身邊的同事進行交流

當一個人苦想冥思、沒有靈感時，不妨把自己遇到的問題告訴身邊的同事和朋友。也許在討論中，你的靈感就會被激發出來了。

❹勇於突破常規

充滿創意的人不僅需要勇於打破常規，也需要勇於挑戰權威。這種時候，堅定的信念和無畏的勇氣是創新成功的關鍵。

擁有現代愛迪生美名的賈伯斯是蘋果電腦的創始人、兩百多項專利的發明家、簡報高手，也是《玩具總動員》、《料理鼠王》……等3D動畫電影的推

人生其實不必那麼嚴肅看待，當你的眼光具有彈性、具有廣度，才能穿透原來的表相，找到自己覺得「有趣」的地方。

手，同時還是帶領電腦走向個人化、整合數位音樂、打造智慧型手機的文創工作者。

賈伯斯的人生大起大落，失敗的感覺總是激起他更想成功的欲望，他不願被教條束縛，不想活在別人的思考框架下，所以他用勇氣跟著直覺走，從未停下追求創新的腳步，把每一天都當成生命的最後一天，果然他的夢想締造了自己的未來。

將擁有「億萬資產」作為奮鬥目標。

現實生活中有很多人喜歡異想天開，但對於自己人生的目標，想要取得什麼樣的成就，想要獲得多少個人財富，往往不會脱離實際，缺乏雄心壯志。然而，如果你覺得自己夢想獨缺資金缺口，或是考慮創業維艱、躊躇不定，為什麼不乾脆讓自己的胃口大一點，把擁有「億萬資產」作為自己的奮鬥目標呢？

這並不是癡人説夢，而是許多人都已向宇宙許下各種雄圖偉略的夢想，並且付諸實現。如果你心中有夢，為何不寫下具體的數字，勇於追求看看呢？

不斷挑戰自己，為人生一再刷新紀錄

麥當勞第二代掌門人雷・克羅克的座右銘如下：「世上沒有任何事能取代

『挑戰』；『才能』不能，因為太多有才能的人並未成功；『天才』不能，因為被埋沒的天才屢見不鮮；『教育』不能，因為多的是受過高等教育的蠢材；只有『堅韌』和『挑戰』是無敵的。」

勇於接受挑戰的人往往更容易實現自我、完善自我。那些在工作中獲得巨大成就的人，都是在困難面前苦守堅持並敢於挑戰的人。他們沒有被工作中接連不斷的挫折與困難嚇倒，反而變得更加堅強，信心百倍地戰勝挫折和困難，堅定不移地完成既定的工作目標。

阿暢是一家廣告公司的總經理。他剛到公司的時候，是一名業務員，他的頂頭上司是一個很有能力的人，開拓業務能力非常強。

某天，阿暢的上司對他說：「你的確很非常優秀，但是我覺得你的實力不只如此。有件事情我想告知你一聲，從今以後，公司的業務就沒有底薪了，你們只能按廣告費抽取傭金，當然抽取的比例要比以前大得多。」

很顯然，公司薪資制度的這個變動給阿暢帶來了不小的壓力。然而，他也

了解上司這樣做自然有他的道理，就把這當成一個鍛鍊的機會。

為了得到預期的薪資，阿暢認真地列出一份客户的名單，準備去拜訪一些比較難搞卻十分重要的大客户，他替自己定下了一個月的期限，即使其他業務員認為要想爭取到那些客户相當於癡人說夢，阿暢卻滿懷信心地一一拜訪。

第一天，阿暢透過自己的努力，充分發揮自己的聰明才智與二十個難纏的客户周旋後，總算達成了幾筆交易。

此後幾天，他又先後簽下幾個合約，但是其中有個難纏的老闆就是不願在他的公司做廣告。

即使同事們都覺得阿暢這個月已經做得很不錯了，沒有必要再在那位老闆身上浪費時間。但是阿暢沒有放棄，他一邊開拓新客户，一邊耐心地跟那位老闆溝通。但他總是給予否定的答覆。

眼看，第一個月就快過去了。

這天，阿暢又來到這位難纏的老闆公司。這時，這個老闆的語氣似乎比較沒那麼強硬了，他問阿暢：「你已經在我身上浪費了一個月的時間，明明知道我不會和你做生意，為什麼還這麼做？」

阿暢回答：「其實，我覺得您交談，學習一些平常接觸不到的生意經就是一種難能可貴的收穫。即使您不願在我們公司做廣告，我也能從您身上學到一種東西，它能鍛鍊我克服困難。」

聞後，那位老闆哈哈大笑：「年輕人，你很聰明，也十分踏實肯幹，我相信你所任職的公司一定是一家優秀的公司，我決定把廣告案交給你們公司。」

就這樣，那個月阿暢拿到了超越他過往收入的薪資，不只肯定了自己的付出，更儲備了更多挑戰的勇氣。

每一個人在實現自己的理想時，都會經歷無數的挫折與坎坷，每次挫折都意味著要面對一個挑戰。在面對挑戰的過程中，我們不僅要有迎接挑戰的勇氣，更應該具有戰勝困難的必勝信念，這樣，才有精神動力支撐你去克服一切難關。

美國著名作家海明威也曾說過：「人不是為失敗而生。人可以被毀滅，但不可以被打敗。」

是的，只要心中有一個信念，就要相信自己一定能夠實現，畢竟成為億萬富翁的人很少，世界上有幾個人能說你沒資格呢？

許多人都已經向宇宙許下夢想訂單，並且付諸實現。如果你有夢，為何不寫下具體的目標，勇於追求看看呢？

先少後多，小錢是築夢的必經之路。

見證了當今社會的許多圓夢模式，當初那種下大成本才能賺大錢的思維早就過時了。況且，如果不能充分地了解和掌握市場的無情變幻，即使下重本也不一定能夠賺到錢，搞不好還會血本無歸。

反之，一個人如果能抓住機遇，即使成本有限，還是能照樣賺取高額利潤。只有踏踏實實地從能力所及的小事做起，為你的宏圖大志打下一個良好的基礎，有朝一日你才有希望成就大業。

如果你連一枚硬幣都不在乎，怎麼談發財呢？

某天，一個英國少年和一個猶太少年結伴去找工作。在大街上，兩人都看到掉在地上的一枚硬幣，英國人看也不看就走了過去，而猶太人卻馬上將硬幣

撿了起來。

英國人對猶太人的這種行為感到非常不屑，心想：連一枚硬幣也要，真沒出息！但沒說出口；而猶太小夥子望著英國少年的身影也是感慨萬分，心想：讓錢白白地從身邊溜走，真是不知道珍惜啊！

後來，兩人同時到一家公司應徵，並雙雙錄取。不過，因為公司的規模很小，工作很繁重、工時又長、工資也很低，做沒多久，英國少年就覺得在那裡工作簡直是徒勞無功，索性離開了公司，但猶太少年卻留了下來。

三年後，兩人在街頭偶遇。此時，猶太少年已經成了一家公司的經理，而英國少年仍然還在轉換工作的瓶頸中。

英國少年很好奇猶太人這幾年的經歷，就問他：「你怎麼發展得這麼快？一晃眼，居然就成了經理。」

猶太少年回答：「因為我沒有像你那樣從一枚硬幣上跨過去。你連一枚硬幣都不要，怎麼會發財呢？」

其實，英國少年並非不在意金錢，由於他想賺的是大錢而不是小錢，所以他的希望總寄託在明天。但是，沒有小錢就不會有大錢。懂得從小事做起，靜待時機，就能掌握成功的機會。

賺小錢是賺大錢的必要步驟，因為在賺小錢的過程中，可以增加經驗、見識、閱歷，可以培養對金錢的觀念和賺錢的能力。

曾有位百萬富翁說過：「小錢是大錢的祖宗。」

世界上許多富翁都是從做小生意開始的。例如：美國的億萬富翁沃爾碼是經營零售業起家的，李嘉誠最初做的是塑膠花生意，鼎鼎有名的麥當勞公司最初賣的是漢堡包。

這些小生意看起來微不足道，卻能為你吸引第一批顧客，為你累積第一筆資金。

世界上最大的百貨零售商是沃爾瑪，世界最大的速食店是麥當勞，他們每天的銷售額數以億計，但沃爾瑪每天要賣多少件商品，麥當勞每天要賣多少個漢堡，才能累積出那樣巨大的財富呢？正是無數小錢的累積，鑄造了他們的金融帝國。

千萬不要小看一塊錢的力量，也不要小看自己正在萌芽的微小願望，對凡事培養珍視的眼光，你就能從廣大的世界中，找到自己的一絲立足之地，那將是你開始著手築夢的地方。

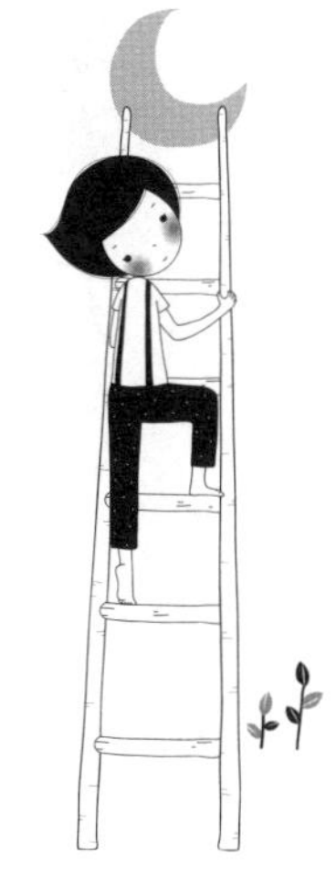

小生意看起來微不足道，卻能為你吸引第一批顧客，為你累積第一筆資金。

應用馬太效應：讓財富像滾雪球般越滾越大。

《聖經》曾記載這樣一個故事：

某國國王要出遠門，臨行前他交給三個僕人各一錠銀子，並且讓他們在自己不在的這段時間內做些生意。

過了一段時間，國王回來了。

他把三個僕人叫到面前，問他們生意做得怎麼樣？結果，第一個僕人賺了十錠銀子，第二個僕人賺了五錠銀子，只有第三個僕人因為怕做賠本的生意便什麼也沒做，一錠銀子還是一錠銀子，沒有增加也沒有減少。

國王對於第一個僕人非常滿意，就獎勵了他十座城池；對第二位僕人的表現覺得還可以，就獎勵了他五座城池；對第三個僕人感到失望，還把原先給他的那錠銀子給了第一個僕人。

國王降旨說：「少的就讓他更少，多的就讓他更多。」後來，這個理論被美國經濟科學專家莫頓用來概括社會財富分化的現象，稱為《馬太效應》。

投資夢想就像滾雪球，如果你願意付出，你的夢想財富就會像滾雪球一樣越滾越大。如果你趨於保守，那麼你的夢想財富就會越來越少。

用自我價值，滾出財富的雪球，完成人生的使命

那麼，究竟是什麼決定了我們財富雪球的大小呢？簡單地說，就是「資源」。資源可以解釋為做某件事情必須具備的條件，比如說金錢、設備，或者理念、創意、技能以及人際關係、某種機遇也算在內。

初始的資源的多寡決定了你究竟是站在馬太效應的哪一方。不幸的是，絕大多數人的資源都是貧乏的，這也是為什麼馬太效應總是令人們感覺沮喪的原因。

如果你願意投入，你的夢想財富就會像滾雪球一樣越滾越大；如果你趨於保守，那你的夢想財富只會越來越少。

在人生的道路上，靠著白手起家的人畢竟是少數，大多數人還是必須透過在公司任職，才能實現自我的價值。你可以做一個得力的員工，也可以是一個可信賴的合作夥伴。總之，你必須要讓對方明白，你對公司是有價值的，你是能為公司創造利潤的，你是工作效率高的人，這也是獲得成功資源的一種方式。

我們會發現：工作效率最高、創造利潤最多的人，都是不斷提升自己，充分地發揮自己潛能的人。才能不是一成不變的東西，它可以在鍛鍊中成長。只有在實踐夢想的路程中，我們才會發現自己的不足之處，而克服困難的過程自然也是提升才能的過程。

至於時間資源則是所有資源中最特別的元素。因為每個人的時間都是一樣的，一天只有二十四個小時。如果你花時間做這件事情，就一定沒有時間做其他的事情。觀察一下身邊的人，那些總是抱怨自己時間不夠用的人恰恰是做事比較少的人，因為他們的時間利用率比較低。

只有在實踐夢想的路程中，我們才會發現自己的不足之處，而克服困難的過程自然也是提升才能的過程。

一個做事迅速、工作效率高的人，即使同時做幾件事情也能應付自如；而一個做事雜亂無章、沒有頭緒的人，也許一天下來只能做成一、兩件事情，甚至有時候連一件事情也做不完。區別就在於他們是否掌握了做事的訣竅。

比照馬太效應，把你的時間、精力、才能和金錢等資源投入到人生的使命願景中，就能逐漸確立自己在這塊領域的優勢地位。慢慢地，你會發覺：原來以前之所以覺得夢想遙不可及，根本只是因為自己長久以來付出的太少！

用心做好每個小細節，就能完成不可能的任務。

在人生的某些關鍵轉折，我們總是仰望著目標，常常問自己：「我到底該為了生活而工作，還是為夢想而工作？」

或許你可以從日常生活中得到最佳的解答。

你是否曾經認真觀察家裡附近的小吃攤，為什麼有些店面一換再換，永遠經營不善，但有些小吃店屹立了二、三十年總是有大排長龍的客户去買單？

那些小吃店之所以能夠維持這麼久，其實就在於一些「對細節的堅持」。可能是要求湯頭原汁原味、可能是醬料別的地方要買也買不到、可能這家店某些食物就是特別地道，總之他們找到了自己的特色，成為能存活下來的理由。

一家店的經營其實就如同一個人一生的縮影，捫心自問：「我的特色是什麼？」

如果能找到自我特色所能成就的人生目標，這就是你此生的使命。

為了你自己而活，不要為了別人而活

全球商務龍頭——亞馬遜毫無疑問的是個成功的企業。它的年營業額超過兩百億美金；它雲端服務的市占率超過百分之九十五；它的電子書城，年營業額高達五十五億美金，獨步全球；它的市值近一千億美金，僅次於Google，是全世界第二值錢的網路公司。

為什麼亞馬遜這麼成功？或許秘密就在創辦人貝佐斯的這一段話裡面：

「一九九七年，我們上市後寄給股東的第一封信，主旨就是《重點都在長線》。如果你在做的事情需要三年的時間，那你必定和一大堆人在競爭。但如果你願意投資七年的時間，那你的競爭對手只剩下一小撮，因為很少公司願意這樣做。僅僅把投資的時間拉長，你就能夠做一些別人沒辦法做到的事情。在

如果能找到自我特色所能成就的人生目標，這就是你此生的使命。

亞馬遜，我們喜歡做五到七年後會成就的事情。我們願意播種，然後讓它們慢慢長大，我們還非常固執地堅持。

我們的座右銘是『固執的願景，靈活的細節』。

許多時候，一些事情的發生是必然的，難就難在你不知道它需要多少時間。但如果你有耐心，它必定會發生。就像電子書一定會發生、雲端服務也一定會成為必需。所以你可以堅持你的信念，只要你想的夠長線，耐心地等到我們落實每一個細節為止。」

小至一家小吃店，大至如同亞馬遜這樣龐大的企業，其實都始於一個微小的意念——「我們想做什麼給客人吃？」、「我們要為客戶提供什麼服務？」那麼對於你絕對不能重來的人生，想做什麼事、想成為什麼樣的人能讓你一生了無遺憾，這就是你人生的願景，也是專屬你的使命。

無論你能否成為一個成功的企業家，或是在某個領域出類拔萃，你就是自己唯一的名牌，當所有廠牌都在進行差異化行銷的時候，你沒有理由繼續隨波逐流，直到你成為領導品牌的那一天為止。

人生就是為了使命而戰鬥，因為那是你之所以降臨在世界上的理由，永遠別忘記，也不要輕易捨棄，如果你想圓夢，天生的特質與優勢是老天爺給你的唯一一筆存款，任誰都拿不走！

心引力

許多時候，一些事情的發生是必然的，難就難在你不知道它需要多少時間。但如果你有耐心，它必定會發生。

星引力法則
十二星座的人生使命

白羊座

ARIES
3/21~4/19

白羊座最重視自己人生中是否擁有充沛的熱情和上進心。當他覺得做一件事情不再有趣，或是態度消極時，就是他另起爐灶的時候了。因為白羊座始終認為人生就像一場打不完的戰役，如果沒有應戰的熱誠，人生就了無意義。雖然因此常常另起山頭，但這就是他們為人生奮戰的軌跡，不熱血日子就過不下去。

金牛座

TAURUS
4/20~5/20

金牛座的人認為人生就是要不斷的累積資產才有意義和樂趣，所以他們會本著保守而務實的行事作風，並且勤懇地尋求外在財富的保障。此外，天性愛美的金牛座也很喜歡收藏各種美麗的名貴藝術品，擁有這些具體價值的東西，金牛座才覺得能夠真正確立自己的人生價值，他們的一生就是為了追求財富而存在。

雙子座

GEMINI
5/21~6/19

天性聰敏的雙子座喜愛透過各式各樣的管道接收豐富多元的訊息，也樂於和他人分享這些訊息。他們輕鬆幽默的語言，以及繪聲繪影的表達能力，總能讓人在言談中、傳遞訊息時獲益匪淺、釋放壓力。所以雙子座天生就是散播知識的使者，和眾人分享自己的生活所得也會因此讓雙子座覺得自己備受重視而快樂。

巨蟹座

巨蟹座似乎天生就是為了守護家庭而存在，所以，他們在父母面前是孝順的子女，在戀人面前是好丈夫、好妻子，在孩子面前則是疼愛子女的好父親、好母親，這份重視家庭的歸屬感，足以讓巨蟹座抵擋外界的風風雨雨，與現實生活的爾虞我詐，只要他們擁有一個溫暖的家，他的人生就感到圓滿幸福。

CANCER
6/20~7/22

獅子座

獅子座永不枯竭的生命力與創意，讓他們彷彿永遠都有用不完的精力和熱情。不管他處於人生的哪個階段、扮演什麼角色，他總是像個大孩子一樣熱情參與，並且都能找出其中的樂趣。所以如何展現出無窮的生命力就是他們終其一生的追尋，當你見識到他們在人生中玩耍的本領，不得不驚嘆：「這才是真正的創意！」

LEO
7/23~8/22

處女座

處女座面對任何事情永遠都在追求精益求精，所以一生都在試圖建立各種秩序和標準。在面對複雜選擇的時候，處女座永遠都繃緊神經、嚴肅精細地篩選著自己所需要的一切，以確保自己最終選擇的一定是最無可挑剔的那個選項，而實際上他們選擇的人生是不是真的是最好的一點也不重要，只要他覺得適合他就好了！

VERGO
8/23~9/22

星引力法則

十二星座的人生使命

天秤座

天秤座對他人的需求十分敏感，再加上謙和有禮的態度，往往很快就能和身旁的人建立良好關係。他們最擅長從兩種截然不同的立場中，找出彼此的相合之處，讓雙方都在能取得利益的前提下弭平紛爭，所以天秤座彷彿就是為了與他人建立合作關係而生，因此他們也會特別重視一生的合作夥伴——與另一半的關係。

LIBRA
9/23～10/22

天蠍座

天蠍座從來都不會隱藏自己對於權力及財富的欲望，往往把大半輩子的時間用最赤裸又直接的方式來搶奪這些資源，所以天蠍座應該是最接近人類黑暗面的星座，他們總是直接坦誠心中的渴望，從不避諱，極少謙讓，或許也是因本性如此、毫不迂迴的人生態度，讓他們的人生果然能更輕易得到這些實質的成果。

SCORPIO
10/23～11/21

射手座

射手座彷彿擁有不可救藥的樂觀天性，他們看起來就像從來不知愁滋味的孩子，不管面對什麼挫折打擊，都不能抹滅他們臉上的笑容。這些永不妥協的樂觀主義者其實是真正懂得快樂真義的人，或許只有射手座能將生命看得最透徹明白，人生短短幾十年，快樂過一生總比憂愁過一生要盡興的多！

SAGITTARIUS
11/22～12/21

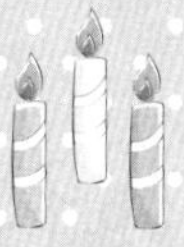

摩羯座

CAPRICORN

12/22~1/19

摩羯座從小就成熟老練，洞悉現實的考驗。但由於他們天性有些自卑，很怕被別人瞧不起，所以他們需要透過事業的成就來確立自我的尊嚴。於是摩羯座就成為最能吃苦耐勞的星座，他們做事嚴謹刻苦，永遠不懈地努力奮鬥著，以成就大業為一生中最大的樂趣和目標，生命歷程中的人事物都是他登上人生寶座的台階。

水瓶座

AQUARIUS

1/20~2/18

水瓶座不在乎階級觀念，所以他們的朋友可說是遍及社會的各個階層。無論是腰纏萬貫的大富豪，還是飽經風霜的小攤販，在水瓶座眼裡都是一視同仁。他們是真正地實踐了天下大同的思想，從不偏好、獨愛，因為了解群眾的聲音，所以總能站在更宏觀的角度，提出革命性的見解，為人所不敢為，為眾人謀福祉。

雙魚座

PISCES

2/19~3/20

雙魚座擁有包容世間萬物的慈悲心，不管是對人、動物或植物，他們都能用一顆最細膩的心去體察萬物生靈的感受。雙魚座天生善良純潔，相信人性本善，所以就算是面對壞人，他也希望可以用自己的誠意和悲憫去感化他人。雖然他們不太實際，卻是最接近神性的星座，因為他們的人生使命就是包容萬物，救贖世人。

不計較，感謝那些利用你的人！

君子記恩不記仇，小人記仇不記恩！
你想成為寬宏大量的君子，還是雞腸鳥肚的小人？

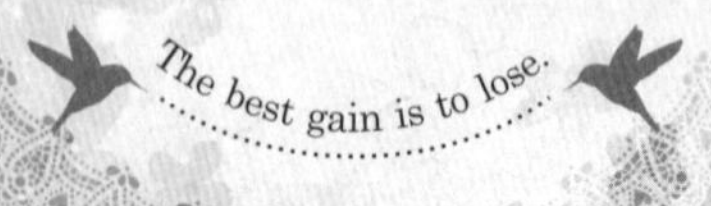

專業心理諮商師
黃德惠◎著

心有多寬，人生之路就有多寬

本來無一物，何處惹塵埃
當你感受負面情緒的當下，學會釋懷，比記得更重要。

定價：**220**元

別給自己找罪受，**靜下心**才能看見最重要的事，
與其抱怨別人拖累，不如從現在就**開始改變**，
告別心中不滿，**回歸平靜**只需要一個轉念，
放下**得失心**，人生看開格局自然會開！

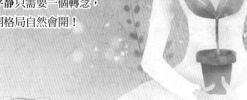

The best gain is to lose.

6條心靈雜物搜查線，
幫助你找出被大腦隱藏的惱人思緒，

48個煩惱清理小技巧，
帶你一步步清空堆積如山的雜念！

專業心理諮商師 呂佳綺——著

Let it go, and relax!

放下，其實沒什麼大不了！

雜念退散的煩惱清理術

定價：220元

Take easy !!

別再把心當作煩惱儲藏室！
想遠離煩躁焦慮的自己，找回輕鬆自在的心空間，
你需要徹底實行心靈大掃除！

用簡便的方法打掃你的心，讓心空間充滿愉快的香氛，
那些烏煙瘴氣的雜念將再也不能趁虛而入。

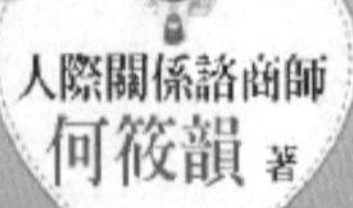

人際關係諮商師
何筱韻 著

Let's talk with happiness!

麻吉談心術。

這樣說，就能擁有出乎意料的好感度

眞正會令人動心的，不是零缺點的完美表現，
而是自然不做作的眞情話語。

那些我們認為無所謂的小細節，
其實是讓情誼降溫的冷卻劑。
瞬間提昇好感印象、讓你在無意間
卸下對方心防的超人氣互動小技巧！

想擁有好人緣，你可以不用裝模作樣，勉強自己。
只要用心溝通，以誠相待，
世界就會立刻回應你的期待！

國家圖書館出版品預行編目資料

不跟風，走自己的路！ / 黃德惠 著. -- 初版. -- 新北市中和區 : 啟思出版, 采舍國際有限公司發行 2015.11 面； 公分

ISBN 978-986-271-653-3 (平裝)

1.成功法　2.生活指導

177.2　104022038

You are the unique in the world !

不跟風，走自己的路

為什麼你不過自己想要的人生？

不跟風，走自己的路！

出 版 者 ◤啟思出版
作　　者 ◤黃德惠
品質總監 ◤王寶玲
總 編 輯 ◤歐綾纖
文字編輯 ◤孫琬鈞
美術設計 ◤蔡億盈
內文排版 ◤新鑫電腦排版工作室

本書採減碳印製流程
並使用優質中性紙
（Acid & Alkali Free）
最符環保需求。

郵撥帳號 ◤50017206 采舍國際有限公司（郵撥購買，請另付一成郵資）
台灣出版中心 ◤新北市中和區中山路 2 段 366 巷 10 號 10 樓
電　　話 ◤(02) 2248-7896　　傳　　真 ◤(02) 2248-7758
I S B N ◤978-986-271-653-3
出版日期 ◤2015 年 11 月

全球華文市場總代理 ◤采舍國際
地　　址 ◤新北市中和區中山路 2 段 366 巷 10號 3 樓
電　　話 ◤(02) 8245-8786　　傳　　真 ◤(02) 8245-8718

全系列書系特約展示
新絲路網路書店
地　　址 ◤新北市中和區中山路2段366巷10號10樓
電　　話 ◤(02) 8245-9896
網　　址 ◤www.silkbook.com

線上 pbook&ebook 總代理 ◤全球華文聯合出版平台
地　　址 ◤新北市中和區中山路 2 段 366 巷 10 號 10 樓
主題討論區 ◤www.silkbook.com/bookclub　　● 新絲路讀書會

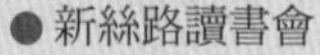

紙本書平台 ◤www.book4u.com.tw　　● 華文網網路書店
電子書下載 ◤www.book4u.com.tw　　● 電子書中心 (Acrobat Reader)